Kochen für 1 und 2 Personen

Karin Winkell

Kochen für 1 und 2 Personen

Buch und Zeit
Verlagsgesellschaft mbH · Köln

Abkürzungen

EL	Eßlöffel
TL	Teelöffel
Msp.	Messerspitze

Zubereitungszeit = Arbeitszeit inklusive Kochzeit

ISB N 3-8166-9555-8

Titelbild: TLC-Foto-Studios GmbH, Bocholt
Fotos: Archiv

Gesamtherstellung: Ebner Ulm

1999955586X7 2635 4453 6271

Inhaltsverzeichnis

Vor dem Kochen…

Gesunde Ernährung

Auch wenn Sie nur einen Ein- oder Zweipersonenhaushalt haben, sollten Sie nicht sagen, daß sich das Kochen nicht lohnt, weil es viel zuviel Aufwand ist. Für viele ist Kochen eine sinnvolle Abwechslung und Ablenkung nach dem Tagesstreß. Außerdem braucht Ihr Körper eine ausgewogene und vielseitige Kost, um gesund und fit zu bleiben. In unserer täglichen Nahrung sollten Eiweiß, Kohlenhydrate, Fett, Vitamine, Mineralstoffe und Spurenelemente enthalten sein.
So beträgt die empfohlene Bedarfsdeckung an Eiweiß für einen Erwachsenen pro Tag etwa 0,8 g pro kg Körpergewicht.
Eiweiß ist für den Körper unersetzlich, da aus ihm die Körperzellen gebildet werden. Es ist enthalten in Fleisch, Fisch, Ei- und Milchprodukten, in Getreideerzeugnissen, in Kartoffeln, Hülsenfrüchten, Nüssen und, weniger, auch im Gemüse.
Kohlenhydrate braucht der Körper als Brennstoff zur Energiegewinnung. Etwa 45 bis 65 Prozent der Kalorien unserer täglichen Nahrung sollten aus Kohlenhydraten bestehen. Nach Möglichkeit sollten Gemüse, Obst, Kartoffeln und Getreideerzeugnisse die benötigten Kohlenhydrate stellen. Verwenden Sie Zucker nur sparsam, und denken Sie an die vielen Kalorien, die in Süßigkeiten und Backwaren enthalten sind!
Fett liefert bei der Verbrennung im Körper doppelt soviel Energie wie Eiweiß oder Kohlenhydrate. Ein Erwachsener sollte pro Tag nicht mehr als 80 g Fett zu sich nehmen. Fett ist aber nicht nur in Butter, Schmalz, Margarine oder Öl enthalten, sondern versteckt sich in vielen Nahrungsmitteln, wie zum Beispiel in Wurst, Fleisch, Sahne, Käse, in Nüssen, Backwaren, Pralinen und in allem, was in Fett gebacken wurde.

Vitamine sind für den menschlichen Körper lebensnotwendig. Bei unzureichender Vitaminversorgung kann es zu Mangelerscheinungen kommen.
Vitamin A fördert das Wachstum und die Sehkraft und schützt vor Infektionen. Es ist enthalten in Leber, Eiern, Butter und Käse.
Vitamin D ist für den Knochenaufbau wichtig. Es ist enthalten in Milch, Butter und Eiern.
Vitamin E wirkt hormonbildend. Es findet sich in pflanzlichen Ölen, in Getreideprodukten, Reis, Fleisch, Milch und Eigelb.
Vitamin K sorgt für die Blutgerinnung und regt die Leber an. Es ist enthalten in Leber, grünem Blattgemüse und Tomaten.
Vitamin C setzt den Stoffwechsel in Bewegung und schützt vor Infektionen. Mangelerscheinungen führen zu raschem Ermüden und Appetitmangel. Reich an Vitamin C sind vor allem Obst und Gemüse.
Vitamin B_1 fördert die Nervenfunktion und ist wichtig für die Verwertung von Kohlenhydraten. Es ist enthalten in Vollkornbrot, Hülsenfrüchten, Haferflocken, Hefe, Gemüse, Kartoffeln und in vielen Fleischarten.
Vitamin B_2 verhindert rasches Ermüden; bei mangelnder Zufuhr kommt es zu Wachstumshemmungen. Es findet sich in Milch und Milchprodukten, in Eiern, Fleisch, Innereien, Gemüse und Getreideprodukten.
Vitamin B_6 verhindert Hautunreinheiten und ist notwendig für die Verwertung von Eiweiß im Körper. Es ist enthalten in Blattgemüse, dunklem Brot, Eiern und Leber.
Vitamin B_{12} steuert den Stoffwechsel und verhindert Blutarmut. Es ist enthalten in Leber.
Mineralstoffe und Spurenelemente steuern lebensnotwendige biologische Vorgänge im Körper, sie dienen der Blutbildung und dem Knochenaufbau. Dazu gehören Kalzium, Phosphor, Eisen, Jod, Natrium, Kalium und Chlor. Bei einer ausgewogenen Kost werden die Mengen, die der Körper braucht, aufgenommen.

Vorratshaltung und Einkaufsplanung

Auch im kleinsten Haushalt sollte ein gewisser Vorrat an Grundnahrungsmitteln vorhanden sein. Wie umfangreich er ist, hängt natürlich auch von den Platzverhältnissen ab.
In der Regel sollten Sie einen Vorrat haben, der mindestens 14 Tage ausreicht, denn es können immer Situationen auftreten, in denen Sie durch äußere Umstände oder durch Krankheit daran gehindert werden einzukaufen.
Nach dem Vorschlag des Bundesministeriums für Ernährung, Landwirtschaft und Forsten sollte folgender Grundvorrat pro Person für 2 Wochen vorhanden sein:

Lebensmittel	Empfehlenswerte Mengen pro Person	Durchschnittliche Haltbarkeit
Knäckebrot, Zwieback Hartkeks, Biskuits	2–3 Pakete	1 Jahr
Brot	1–2 Dosen	1 Jahr
Reis, Haferflocken, Teigwaren, Mehl, Grieß, getrocknete Erbsen und Bohnen Schnellgerichte aus Reis oder Teigwaren,	je Sorte 500 g	etwa 1 Jahr
Kartoffel-Trockenprodukte (Püree, Klöße) Trockensuppen (Eintöpfe)	etwa 4 Pakete	Haltbarkeitsangabe auf Packungen beachten
Zucker	1 kg	unbegrenzt
Salz	125 g	unbegrenzt
Speiseöl, Pflanzenfett, Butterschmalz	1 l 1 kg	6 Monate–1 Jahr

Lebensmittel	Empfehlenswerte Mengen pro Person	Durchschnittliche Haltbarkeit
Fleisch- und Fischvollkonserven	2–3 kg	2 Jahre (oder Haltbarkeitsangabe beachten)
Wurst- und Suppenkonserven	1–2 kg	2 Jahre (oder Haltbarkeitsangabe beachten)
Dosenmilch, Milchpulver	1–2 kg	6 Monate–1 Jahr
Schmelzkäse	500 g	6 Monate
Mineralwasser (Flüssigkeit)	25–30 l	6 Monate–1Jahr
Obst- und Gemüsekonserven	2–3 kg	1–2 Jahre
Fruchtsäfte	3 Flaschen	1–2 Jahre
Konfitüre, Honig	500 g	1 Jahr
Instantkakao, Kaffeepulver	etwa 250 g	6 Monate–1 Jahr
Tee	etwa 100 g	1–2 Jahre
Gewürze, Essig, Senf	–	6 Monate–1 Jahr
Schokolade	2 Tafeln	6 Monate–1 Jahr

Die haltbaren Lebensmittel bewahren Sie am besten an einem trockenen und kühlen Ort auf, ideal ist ein Keller oder eine Speisekammer.
Frische Lebensmittel, wie Fleisch- und Wurstwaren, Milchprodukte, Gemüse, Obst und Salate, können Sie über einen kurzen Zeitraum im Kühlschrank lagern, Fisch sollte möglichst am gleichen, spätestens am nächsten Tag verarbeitet werden. Frische Blattsalate bleiben auch über mehrere Tage knackig, wenn Sie sie gleich nach dem Einkaufen putzen, vorsichtig waschen und abtropfen lassen. Danach verpacken Sie den Salat, den Sie nicht am gleichen Tag verwenden, in einen großen Klarsichtbeutel und verschließen den Beutel luftdicht

mit einem Gummi. So hält sich der Salat zwei bis drei Tage im Kühlschrank.
Achten Sie beim Einkauf darauf, daß Sie möglichst frische Ware bekommen. Bei den meisten verpackten Lebensmitteln ist das Verfallsdatum oder das Verpackungsdatum aufgedruckt.

Lagerzeit frischer und zubereiteter Lebensmittel im Kühlschrank:

	Tage
Fleisch und Fleischwaren	
Fleisch, roh	3–5
Fleisch, gekocht	4–6
Fleisch, gebraten	4–6
Hackfleisch, roh	1
Hackfleisch, gebraten	3–4
Wurst, angeräuchert	3–4
Räucherwaren	5–10
Fisch- und Fischwaren	
Fisch, frisch	1–2
Fisch, gekocht	3–4
Fisch, gebraten	3–5
Fisch, geräuchert	3–5
Fischkonserven, geöffnet	2–3
Geflügel	
Hähnchen, frisch	3–5
Hähnchen, gebraten	4–6
Huhn, gekocht	4–6
Milchprodukte, Eier	
Butter, täglicher Bedarf	4–9
Butter, Vorrat	11–21

	Tage
Milch und Sahne	3–5
Dosenmilch, geöffnet	4–5
Käse	3–21
Eier	10–28

Gemüse und Salate

Spinat, Erbsen	2
Erbsen in Schoten, Bohnen	4–7
Wurzelgemüse, Kohl	mehrere Wochen
Gemüsekonserven, geöffnet	2–3
Salate	3–6

Obst, Obstwaren

Beerenobst	2–9
Steinobst	4–9
Kernobst	mehrere Wochen
Obstkonserven, geöffnet	3–5
Zitrusfrüchte	mehrere Wochen

Fertige Gerichte

Speisen, zubereitet	3–4
Torten, Kuchen	3–6

Einkaufsplanung

Eine richtige Einkaufsplanung erspart Ihnen viel Zeit und Lauferei. Stellen Sie sich für eine Woche einen Essensplan auf, der Frühstück, Mittagessen und Abendessen berücksichtigt, und vergessen Sie dabei auch nicht die kleinen Zwischenmahlzeiten, denn es ist für den menschlichen Körper gesünder, fünf kleinere Mahlzeiten einzunehmen als nur drei Hauptmahlzeiten.
Planen Sie Ihren Wochenbedarf an frischem Gemüse, an Obst und Fleisch so, daß Sie alles während dieser einen Woche

verbrauchen, wobei Sie natürlich auch einiges einfrieren können.
Einen halben Blumenkohl oder einen halben Kohlkopf werden Sie sicher nicht von Ihrem Gemüsehändler und schon gar nicht im Einkaufsmarkt bekommen. Sie können aber einen Teil des Blumenkohls oder Kohls zum Beispiel einmal als Gemüse kochen und zwei oder drei Tage später daraus einen Salat oder eine Suppe zubereiten. Hinweise, wie das Gemüse auf verschiedene Arten verwertet werden kann, werden Sie bei den jeweiligen Rezepten finden.
Ein idealer Helfer ist der Gefrierschrank: Auch wenn Ihr Haushalt noch so klein ist, sollten Sie sich einen Gefrierschrank anschaffen.
Wie groß der Gefrierschrank sein soll, hängt einerseits von den Platzverhältnissen in Ihrer Wohnung ab, andererseits von Ihren Koch- und Einkaufsgewohnheiten.
Viele Gerichte, zum Beispiel Braten, kann man nicht für eine Person kochen, da empfiehlt es sich, den Braten nach der Zubereitung in Portionen zu teilen und diese einzufrieren.
Es ist einfach rationeller, ein Gericht gleich in größeren Mengen zu kochen und es dann portionsweise einzufrieren. Dadurch sparen Sie viel Arbeit bei der Zubereitung, denn Sie tun nur einmal, was Sie sonst in vielleicht vier Arbeitsgängen machen würden. Außerdem haben Sie schnell ein Essen auf dem Tisch, wenn Sie in Zeitnot sind.
Beim Einkauf wird es sich oft ergeben, daß Sie größere Mengen nehmen müssen, als Sie für eine Mahlzeit gebrauchen können. So frieren Sie den Teil ein, der später bei einem anderen Gericht Verwendung finden kann.

Das Einfrieren

Sie können fast alle Lebensmittel einfrieren. Nicht geeignet sind: Tomaten, Blattsalate, Radieschen, Rettiche, Gurken (alle Gemüsesorten, die zu einem knackigen Salat zubereitet werden), Kartoffeln oder rohe Zwiebeln, Aprikosen, Bananen, rohe

Äpfel, Birnen und Pfirsiche. Von den Fleischsorten läßt sich nur Leber nicht einfrieren.
Gemüse wird vor dem Einfrieren geputzt, kleingeschnitten und in reichlich kochendem Salzwasser etwa zwei Minuten blanchiert. Danach schrecken Sie das Gemüse mit eiskaltem Wasser ab, lassen es auf einem Küchentuch abtropfen und verpacken es dann luftdicht in Gefrierbeuteln oder Alufolie.
Obst wird nach dem Waschen und Trocknen roh eingefroren.
Grundsätzlich müssen Sie alles, was Sie einfrieren wollen, in Alufolie oder Gefrierbeuteln verpacken und gut verschließen, nachdem Sie die Luft herausgepreßt haben.
Auch Brot, Brötchen und Kuchen lassen sich gut einfrieren. Schneiden Sie das frische Brot in Scheiben, und frieren Sie jeweils so viele Scheiben in einer Packung ein, wie Sie für eine Mahlzeit brauchen. Auf diese Weise haben Sie immer frisches Brot im Hause.
Frieren Sie fertige Gerichte ein, so müssen Sie diese nach dem Auftauen nachwürzen, da der Geschmack der Gewürze beim Einfrieren leidet.
Soßen und andere Gerichte sollten Sie erst nach dem Auftauen binden, da die Bindefähigkeit der verschiedenen Bindemittel durch das Einfrieren verlorengeht.
Als Anhaltspunkt für die Lagerdauer von frischen Lebensmitteln im Gefrierschrank kann folgende Tabelle dienen:

Haltbarkeit von	**Monate**
Schweinefleisch, mager	5–8
Schweinefleisch, fett	4–6
Rindfleisch	10–12
Kalbfleisch	6–9
Geflügel, mager	8–10
Geflügel, fett	4–6
Wild	8–10
Fisch, mager	4–6
Fisch, fett	1–3

Haltbarkeit von	**Monate**
Bohnen, Erbsen	9–12
Rosenkohl, Kohl	10–12
Spinat	10–12
Aprikosen, Pfirsiche	8–10
Sauerkirschen, Himbeeren	10–12
Erdbeeren, Süßkirschen	8–12
Fertiggerichte	3
Brot, Brötchen, Kuchen	4–6
Butter	6–8
Sahne	1–3
Hartkäse, Schnittkäse	2–4
Weichkäse	6
Wurstwaren	3
Eiscreme	3

Das Auftauen

Tauen Sie immer nur so viel auf, wie Sie auf einmal verbrauchen wollen. Aufgetaute Gerichte sollen nicht wieder eingefroren werden.

Kleine Portionen, wie sie in Ihrem Haushalt wohl üblich sind, brauchen nur ein bis zwei Stunden zum Auftauen. Sie können sie aber auch über Nacht in den Kühlschrank stellen, wo sie dann ganz langsam auftauen. Das empfiehlt sich auch für Fleisch, das so langsam wie möglich aufgetaut werden sollte. Lassen Sie rohes Fleisch in der Verpackung auftauen, damit möglichst wenig Fleischsaft verlorengeht.

Geflügel müssen Sie allerdings vor dem Auftauen aus der Verpackung lösen. Geflügel braucht je nach Größe zwischen vier und zwanzig Stunden zum Auftauen.

Kleinere Fische können Sie ohne vorheriges Auftauen braten oder dünsten; größere Fische müssen vorher aufgetaut werden, da sie sonst innen noch roh sind, während sie außen beim Kochen oder Braten schon zerfallen. Gemüse überbrausen Sie

am besten mit eiskaltem Wasser und geben es dann zum Dünsten in einen Topf.
Brötchen zum Frühstück können Sie im Backofen bei kleinster Temperatur in etwa 10 Minuten (je nach Größe) auftauen.
Bei gekaufter Tiefkühlware steht in den meisten Fällen auf der Verpackung, wie lange die Auftauzeit ist.

Maße und Gewichte

1 EL Butter	etwa 12 g
1 EL Öl	10–12 g
1 EL Milch, Sahne	etwa 15 g
1 Tasse Flüssigkeit	⅛ l (= 125 ml)
1 TL Zucker	etwa 5 g
1 EL Zucker	etwa 15 g
1 EL Mehl/Stärkemehl	etwa 10 g
1 EL Reis	etwa 15 g
1 EL Grieß	etwa 15 g
1 TL Salz	etwa 5 g
1 EL Haferflocken (gehäuft)	etwa 10 g
1 EL Quark	etwa 30 g
1 kleiner Apfel	100–125 g
1 kleine Birne	100–125 g
1 mittelgroße Orange	etwa 150 g
1 Tomate	etwa 50 g
1 Fleischtomate	200–225 g
1 Salatgurke	etwa 400 g
1 mittelgroße Zwiebel	etwa 50 g

Farbtafel I: Müsli mit Apfel (oben) *(Rezept Seite 29)*
Tomatenbrot mit Schnittlauchrührei (unten) *(Rezept Seite 28)*

Mengen für eine Person

Suppe als Vorspeise	¼ l
Suppe (Eintopf) als Hauptgericht	½ l
Fleisch (ohne Knochen)	100–150 g Rohgewicht
Fleisch (mit Knochen)	125–200 g Rohgewicht
Fleisch, kurzgebraten (Schnitzel, Steak, Kotelett)	125–200 g Rohgewicht
Wurst, Würstchen	80–125 g
Geflügel (mit Knochen)	300–400 g Rohgewicht
Geflügel (ohne Knochen)	150–200 g Rohgewicht
Fisch als Filet	150–200 g Rohgewicht
Fisch im ganzen	200–300 g Rohgewicht
Gemüse (geputzt)	150–200 g Rohgewicht
Salat (Kopfsalat, Feldsalat u. ä.)	etwa 50 g
Kartoffeln	200–250 g Rohgewicht
Kartoffelsalat	150–200 g
Kartoffelklöße	200–250 g
Reis	etwa 50 g Rohgewicht
Teigwaren	etwa 50 g Rohgewicht
Hülsenfrüchte (für Eintopf)	60–90 g Rohgewicht
Obst, frisch	100–150 g Rohgewicht
Obstkompott	125–150 g

Noch etwas zu den Rezepten:
Die Rezepte sind für ein oder zwei Personen berechnet. Verdoppeln läßt sich die Menge ohne weiteres. Auch halbieren lassen sich die Zutaten, wenn Sie nicht eine Portion einfrieren wollen. Für Soßen sollten Sie allerdings etwas mehr als die Hälfte der angegebenen Mengen nehmen.

Die Rezepte

Frühstück – einmal anders

Als Getränke eignen sich zum Frühstück – neben Kaffee oder Tee – frische Obstsäfte, die munter machen, normale Trinkmilch (pur oder gemixt mit Obstsäften), oder wie wäre es mit eiskalter Buttermilch?

Bananenbrot (1 Person)

Zutaten

1 Scheibe Toastbrot oder Graubrot
5 g Butter oder Margarine
1 Banane, Zitronensaft
2 Scheiben Lachsschinken
etwas in Röllchen geschnittener Schnittlauch

Zubereitung
Das Brot toasten, etwas abkühlen lassen und mit der Butter oder Margarine bestreichen.
Die Banane schälen, in Scheiben schneiden, mit Zitronensaft beträufeln und auf dem Brot verteilen.
Den Lachsschinken aufrollen und auf die Bananenscheiben legen. Den Schnittlauch darüberstreuen.

Zubereitungszeit: etwa 5 Minuten.

Quarkvariationen

Die angegebenen Mengen reichen jeweils für eine normal große Scheibe Graubrot.

Curryquark

2–3 EL Quark
1 Msp. Curry
frisch gemahlener Pfeffer
Salz
1–2 EL Milch

Kräuterquark

2–3 EL Quark
1 EL gehackte Kräuter
wie Dill, Petersilie, Schnittlauch, Borretsch (Resteverwertung)
Salz
1–2 EL Milch

Schinkenquark

2–3 EL Quark
1 EL gewürfelter roher oder gekochter Schinken
1–2 EL Milch

Die gleichen Mischungen können Sie auch aus Frischkäse herstellen, Sie brauchen zum Glattrühren nur etwas mehr Milch.

Orangenquark

2–3 EL Quark
1 EL Orangensaft
1 TL Honig

Bauernbrot mit Apfelquark (1 Person)

Zutaten

1 große Scheibe Bauernbrot
5 g Butter
2 EL Quark
1 TL Honig
1 EL Milch
1 kleiner Apfel

Zubereitung

Das Brot mit der Butter bestreichen.
Den Quark mit dem Honig und der Milch verrühren und auf das Brot streichen.
Den Apfel waschen, vierteln, das Kerngehäuse entfernen und die Viertel in Spalten schneiden.
Die Apfelspalten fächerartig auf dem Quark verteilen.

Zubereitungszeit: etwa 5 Minuten

Toastecken mit Champignons (2 Personen)

Zutaten

2 Scheiben Toastbrot

20 g Butter oder Margarine

1 kleine Dose Champignons (115 g Einwaage)

½ Bund Petersilie

2 EL Crème fraîche

einige Spritzer Worcestersoße

2 Scheiben Gouda

Zubereitung

Die Toastscheiben toasten und diagonal durchschneiden. Mit Butter oder Margarine bestreichen.
Die Champignons abtropfen lassen, blättrig schneiden und auf dem Toastbrot verteilen.
Die Petersilie waschen, ausschütteln und fein hacken, mit der Crème fraîche und einigen Spritzern Worcestersoße verrühren und über den Champignons verteilen.
Den Käse ebenfalls diagonal durchschneiden und auf die Toastecken legen.
Die Toasts im vorgeheizten Grill oder Backofen so lange überbacken, bis der Käse zu schmelzen beginnt.

Zubereitungszeit: 15 Minuten

Frühstückstoast (1 Person)

Zutaten

1 Scheibe Toastbrot
5 g Butter
1 Scheibe Leberkäse
1 TL Ketchup
1 Scheibe Käse
1 Stück frische Gurke

Zubereitung

Das Toastbrot toasten, etwas abkühlen lassen und mit der Butter bestreichen.

Den Leberkäse darauflegen, mit Ketchup bestreichen und mit der Käsescheibe zudecken. Den Toast mit Gurkenscheiben garnieren.

Zubereitungszeit: etwa 5 Minuten

Spiegeleier mit Frühstücksspeck (1 Person)

Zutaten

2 TL Öl
3 Scheiben Frühstücksspeck
2 Eier
2 Scheiben Vollkornbrot
10 g Butter
1 Tomate
etwas Schnittlauch oder Petersilie
Salz, Pfeffer

Zubereitung

Das Öl in einer kleinen Pfanne erhitzen und den Frühstücksspeck darin braun braten. Die gebratenen Schinkenscheiben beiseite schieben.
Die beiden Eier in die Pfanne schlagen und in etwa 4 Minuten backen.
Inzwischen die Brotscheiben mit der Butter bestreichen und auf einen großen, flachen Teller legen.
Die Tomate waschen, vierteln und ebenfalls auf den Teller legen.
Den Frühstücksspeck mit den Eiern auf die Brote gleiten lassen und mit Salz und Pfeffer würzen.
Etwas gehackten Schnittlauch oder gehackte Petersilie zum Schluß auf das Brot streuen.

Zubereitungszeit: etwa 10 Minuten

Tomaten-Sardellen-Brot (1 Person)

Zutaten

1 große Fleischtomate
1 EL Olivenöl
5 Basilikumblätter
1 Knoblauchzehe
2 Sardellenfilets
1 Scheibe Graubrot
10 g Butter

Zubereitung

Die Tomate mit kochendem Wasser überbrühen und die Haut abziehen. Die Tomate halbieren, die Kerne mit einem Teelöffel entfernen und das Fruchtfleisch in kleine Würfel schneiden.
Das Öl unter die Tomatenwürfel rühren und alles kalt stellen.
Die Basilikumblätter waschen und trocknen.
Die Knoblauchzehe schälen und in hauchdünne Scheiben schneiden.
Das Brot mit der Butter bestreichen und mit den Basilikumblättern belegen.
Die Tomatenwürfel darauf verteilen und mit Sardellenfilets und Knoblauchscheiben belegen.

Zubereitungszeit: etwa 10 Minuten

Variation:

Belegen Sie das gebutterte Brot zunächst mit 2 in Scheiben geschnittenen hartgekochten Eiern, und verfahren Sie dann wie oben beschrieben.

Tomatenbrot mit Schnittlauchrührei

(1 Person) *(Farbtafel Seite 17)*

Zutaten

1 große oder 2 kleine Scheiben Vollkornbrot
10 g Butter oder Margarine
1–2 Tomaten
Salz, Pfeffer
1 Ei
1 EL Mineralwasser
geriebene Muskatnuß
10 g Butter oder Margarine
1 EL Schnittlauchröllchen

Zubereitung

Das Brot mit der Butter oder Margarine bestreichen.
Die Tomaten waschen, abtrocknen, in Scheiben schneiden und auf dem Brot verteilen. Die Tomaten mit Salz und Pfeffer würzen.
Das Ei mit dem Mineralwasser verquirlen und mit Salz und geriebener Muskatnuß würzen.
Das Fett in einer kleinen Pfanne zergehen lassen und das Rührei darin braten.
Das Rührei auf den Tomaten anrichten, mit Schnittlauchröllchen bestreuen und sofort servieren.

Zubereitungszeit: etwa 7 Minuten

Müsli mit Apfel (1 Person)

(Farbtafel Seite 17)

Zutaten

40 g Haferflocken

1/8 l Milch

1/2 Apfel

1 EL gehackte Haselnüsse

1 TL Zitronensaft, Zucker nach Geschmack

Zubereitung

Die Haferflocken in eine Schüssel geben und mit der Milch übergießen.

Den Apfel waschen, mit der Schale raspeln und mit den gehackten Haselnüssen und dem Zitronensaft zu den Haferflocken geben.

Das Müsli nach Geschmack mit Zucker süßen.

Zubereitungszeit: etwa 5 Minuten

Sommermüsli (1 Person)

Zutaten

150 g Aprikosen

1 Becher Joghurt (150 g)

1 TL Honig

30 g Corn-flakes

Die Aprikosen waschen, entkernen und in kleine Stücke schneiden. Die Stücke in einen Teller legen. Die übrigen Zutaten dazugeben und leicht verrühren.

Zubereitungszeit: etwa 5 Minuten

Milchreis mit Kirschen (2 Personen)

Zutaten

200 g Süßkirschen
1 Becher Milchreis (150 g Fertigprodukt)
2 EL Honig, 2 EL Corn-flakes
½ TL Zimt

Zubereitung
Die Kirschen waschen, entkernen und mit dem Milchreis und dem Honig verrühren.
Die Corn-flakes mit dem Zimt vermischen und über den Kirschreis streuen.

Zubereitungszeit: etwa 10 Minuten

Schokomüsli (1 Person)

Zutaten

2 EL Knusperflocken
1EL gehackte Walnüsse
2 EL kernlose Rosinen
2 EL geriebene Schokolade
1 Tasse Milch

Zubereitung
Die Knusperflocken mit den Walnüssen und den Rosinen vermischen. Die Schokolade darüberstreuen und alles mit Milch begießen.

Zubereitungszeit: etwa 3 Minuten

Möhrenmüsli (2 Personen)

Zutaten

2 mittelgroße Möhren
1 EL Zitronensaft
2 EL süße Sahne, 1 EL brauner Zucker
5 EL körnige Haferflocken

Zubereitung
Die Möhren schälen, reiben und mit dem Zitronensaft beträufeln. Die Sahne, den Zucker und die Haferflocken dazugeben und alles etwas vermischen.

Zubereitungszeit: etwa 10 Minuten

Früchtemüsli (1 Person)

Zutaten

1 EL grobe Haferflocken
2 EL Zitronensaft
1 Becher Joghurt
1 Apfel, 1 Apfelsine
1 EL Haselnußplättchen
Zucker nach Geschmack

Zubereitung
Die Haferflocken mit dem Zitronensaft und dem Joghurt vermischen. Den gewaschenen Apfel und die geschälte Apfelsine in Stückchen schneiden und mit den Haselnußplättchen über den Joghurt geben. Nach Geschmack alles mit Zucker würzen.

Zubereitungszeit: etwa 10 Minuten

Suppen und Eintöpfe

Blumenkohlsuppe (1 Person)

Zutaten

½ Blumenkohl (etwa 250 g)
¼ l Fleischbrühe (Instant)
1 Paket tiefgekühltes Suppengrün
1 Eigelb
⅛ l süße Sahne
geriebene Muskatnuß, Salz
1 TL Schnittlauchröllchen

Zubereitung
Den Blumenkohl in Röschen teilen, waschen und mit dem Suppengrün in der Fleischbrühe garen. Mit dem Mixstab des Handrührgeräts den gegarten Blumenkohl pürieren oder durch ein Sieb streichen. Das Eigelb mit der Sahne verquirlen und die Suppe damit legieren, aber die Suppe nicht mehr aufkochen lassen.
Alles mit Muskat und Salz abschmecken und die Schnittlauchröllchen darüberstreuen.

Zubereitungszeit: etwa 25 Minuten

Die zweite Hälfte des Blumenkohls können Sie als Salat (siehe Seite 47) oder gratiniert (siehe Seite 69) verwenden.

Grüne Bohnensuppe mit Hammelfleisch

(2 Personen) *(Farbtafel Seite 35)*

Zutaten

250 g mageres Hammelfleisch

50 g durchwachsener Speck

1 Zwiebel

½ l Fleischbrühe (Instant)

200 g Kartoffeln

1 Möhre

300 g frische Bohnen

Salz, Pfeffer, Bohnenkraut

Zubereitung

Das Hammelfleisch in 1 bis 2 cm große Würfel zerteilen. Den Speck und die geschälte Zwiebel in kleine Würfel schneiden. Den Speck in einem Topf auslassen und das Fleisch darin anbraten. Die Zwiebelwürfel etwas später dazugeben und braun werden lassen. Das Fleisch mit der Fleischbrühe aufgießen und alles zum Kochen bringen.

Die Kartoffeln und die Möhre schälen, die Kartoffeln in Würfel, die Möhre in Streifen schneiden.

Die grünen Bohnen waschen, wenn nötig von den Fäden befreien und in kleine Stücke brechen.

Das Gemüse mit Bohnenkraut zum Fleisch geben und die Suppe noch etwa 30 Minuten leicht kochen lassen. Die Suppe mit Salz und Pfeffer abschmecken.

Zubereitungszeit: etwa 50 Minuten.

Champignoncremesuppe (2 Personen)

Zutaten

150 g frische Champignons
1 kleine Zwiebel
20 g Butter
1 EL Mehl
½ l Fleischbrühe (Instant)
3 EL süße Sahne
1 Eigelb
Salz, Pfeffer
etwas Zitronensaft
½ Bund Petersilie

Zubereitung

Die Champignons putzen, waschen und in feine Scheiben schneiden.
Die Zwiebel schälen und fein hacken.
Die Butter in einem Topf zergehen lassen und die Champignons mit der Zwiebel darin leicht anbraten. Das Mehl darüberstäuben, verrühren und langsam die Fleischbrühe dazugießen. Alles etwa 10 Minuten leicht kochen lassen.
Das Eigelb mit der Sahne verquirlen und unter die Suppe rühren. Die Suppe darf jetzt nicht mehr kochen, damit das Ei nicht gerinnt.
Die Suppe mit Salz, Pfeffer und Zitronensaft abschmecken.
Die Petersilie waschen, ausschütteln, fein hacken und unter die Suppe rühren.

Zubereitungszeit: etwa 25 Minuten

Farbtafel II: Grüne Bohnensuppe mit Hammelfleisch *(Rezept Seite 33)*

Tomatencremesuppe (1 Person)

Zutaten

10 g Butter oder Margarine
1 kleine Zwiebel
3 EL Tomatenpüree aus der Tube
1 EL Mehl
Salz, Pfeffer
Zucker
¼ l Wasser
⅛ l Milch
1 Msp. Thymian
2 EL süße Sahne

Zubereitung

Die Butter oder Margarine in einem Topf zergehen lassen. Inzwischen die Zwiebel schälen, fein hacken und dann in dem Fett andünsten. Das Tomatenpüree und das Mehl dazugeben, zu einer cremigen Masse verrühren und nach und nach das Wasser und dann die Milch dazugießen.

Die Suppe mit Salz, Pfeffer und Zucker abschmecken und den Thymian dazugeben. Alles noch etwa 10 Minuten leicht kochen lassen und zum Schluß die Sahne unterziehen.

Zubereitungszeit: etwa 20 Minuten

Serbische Bohnensuppe (2 Personen)

Zutaten

50 g durchwachsener Speck

1 kleine Zwiebel

1 kleine Dose weiße Bohnen in Tomatensoße (400 g)

¼ l Fleischbrühe (Instant)

1 Fleischtomate

Salz, Pfeffer

Majoran, Paprikapulver

3 EL saure Sahne

Zubereitung

Den Speck in kleine Würfel schneiden und in einem Topf auslassen.

Inzwischen die Zwiebel schälen und fein hacken. Im Speckfett anbraten.

Die Bohnen aus der Dose mit der Soße dazugeben, mit der Fleischbrühe aufgießen und zum Kochen bringen.

Inzwischen die Fleischtomate mit kochendem Wasser überbrühen, pellen, in Würfel schneiden und ebenfalls zur Suppe geben.

Die Suppe kräftig mit Salz, Pfeffer, Majoran und Paprikapulver abschmecken und etwa 10 Minuten leicht kochen lassen.

Zum Schluß die saure Sahne unterrühren.

Zubereitungszeit: etwa 30 Minuten

Kräftiger und gehaltvoller wird die Suppe, wenn Sie darin ein Paar Würstchen, zum Beispiel Debreziner, mitziehen lassen. Diese Suppe läßt sich gut einfrieren, Sie können sie auch in größeren Mengen kochen.

Bunte Gemüsesuppe (1 Person)

Zutaten

½ l Fleischbrühe (Instant)
1 Packung tiefgefrorenes Sommergemüse (300 g)
100 g Schweinemett
Salz, frisch gemahlener Pfeffer
½ Bund Petersilie

Zubereitung

Die Fleischbrühe zum Kochen bringen und das Sommergemüse hineingeben.

Inzwischen das Schweinemett mit Salz und Pfeffer abschmekken und kleine Klößchen daraus formen. Die Fleischklößchen in die kochende Suppe geben. Die Suppe nun zugedeckt bei kleinster Hitze noch etwa 8 Minuten ziehen lassen.

Da die verschiedenen Tiefkühlprodukte unterschiedliche Garzeiten haben, beachten Sie bitte den Hinweis über die Garzeit auf der Packung.

Die Petersilie waschen, ausschütteln und fein hacken. Vor dem Servieren über die Suppe streuen.

Zubereitungszeit: etwa 20 Minuten

Kartoffelsuppe (2 Personen)

Zutaten

500 g Kartoffeln
¾ l Fleischbrühe (Instant)
1 Porreestange (etwa 100 g)
Salz, frisch gemahlener Pfeffer
1 Paar Würstchen
1 Bund glatte Petersilie
2 EL süße Sahne

Zubereitung

Die Kartoffeln waschen, schälen und in kleine Würfel schneiden. Die Kartoffelwürfel 15 Minuten in der Fleischbrühe kochen lassen.

Inzwischen den Porree putzen, waschen und in Ringe schneiden.

Etwa ein Drittel der Kartoffeln mit einer Schaumkelle aus der Brühe nehmen. Die restlichen mit einem Handrührer in der Suppe pürieren.

Den Porree, die in Scheiben geschnittenen Würstchen und die restlichen Kartoffeln zur Suppe geben und noch etwa 5 Minuten kochen. Danach die Suppe mit Salz und Pfeffer abschmecken.

Die Petersilie waschen, fein hacken und mit der Sahne unter die Suppe rühren.

Sehr gut schmecken dazu in Butter geröstete Weißbrotwürfel, die erst beim Servieren über die Suppe gegeben werden.

Zubereitungszeit: etwa 40 Minuten

Lauchsuppe (2 Personen)

Zutaten

500 g Lauch
10 g Butter oder Margarine
¾ l Fleischbrühe (Instant)
frisch gemahlener Pfeffer
geriebene Muskatnuß
Salz
2 EL süße Sahne oder Dosenmilch
1 Eigelb

Zubereitung

Den Lauch putzen, das heißt die festen Blattenden und die Wurzeln abschneiden. Die Stangen der Länge nach halbieren und gründlich unter fließendem Wasser waschen. Danach den Lauch in dünne Scheiben schneiden.
Die Butter oder Margarine in einem Topf heiß werden lassen und den Lauch darin andünsten.
Danach die Fleischbrühe dazugießen und die Suppe mit Pfeffer, geriebener Muskatnuß und Salz abschmecken. Die Suppe noch etwa 10 Minuten leicht kochen lassen.
Die Sahne oder Dosenmilch mit dem Eigelb verquirlen und unter die Suppe ziehen, die nicht mehr kochen darf.

Zubereitungszeit: etwa 20 Minuten

Sie können die Suppe mit in Streifen geschnittenem und angeröstetem Schinken oder mit in Scheiben geschnittenen Würstchen anreichern.

Möhreneintopf (2 Personen)

Zutaten

250 g Rindfleisch
20 g Margarine
2 kleine Zwiebeln
½ l Fleischbrühe (Instant)
300 g Möhren
250 g Kartoffeln
Salz, Pfeffer, Oregano
½ Bund Petersilie
3 EL süße Sahne oder Crème fraîche

Zubereitung

Das Fleisch in Würfel schneiden und in der Margarine scharf anbraten.

Die Zwiebeln putzen, waschen, hacken, zum Fleisch geben und ebenfalls anbraten. Die Fleischbrühe dazugießen und das Fleisch etwa 40 Minuten garen lassen. Inzwischen die Möhren und die Kartoffeln schälen und in Würfel schneiden.

Beides zum Fleisch geben, mit Salz, Pfeffer und Oregano würzen und nochmals 20 Minuten kochen lassen.

Die Petersilie waschen, ausschütteln, fein hacken und mit der Sahne oder Crème fraîche vor dem Servieren unter den Eintopf ziehen.

Zubereitungszeit: etwa 65 Minuten

Dieser Eintopf läßt sich sehr gut einfrieren, Sie können also davon mehrere Portionen kochen und diese luftdicht verpackt einfrieren.

Försters Pilztopf (2 Personen)

Zutaten

125 g durchwachsener Speck
2 kleine Zwiebeln
400 g frische Pilze
(Maronen, Steinpilze oder Champignons)
200 g Tomaten
125 g Kartoffeln
Salz, frisch gemahlener Pfeffer
Thymian
¼ l Fleischbrühe (Instant)
1 Schuß Rotwein nach Geschmack

Zubereitung

Den durchwachsenen Speck in Scheiben schneiden, in einer Pfanne kroß ausbraten und die Speckscheiben beiseite stellen.
Die Zwiebeln schälen, fein hacken und im Speckfett andünsten, danach in eine feuerfeste Form geben.
Die Pilze putzen, waschen und in Scheiben schneiden.
Die Tomaten mit kochendem Wasser überbrühen, pellen und ebenfalls in Scheiben schneiden.
Die Kartoffeln schälen, waschen und grob reiben.
Die Pilze, Tomaten und Kartoffeln nun schichtweise in die Form legen und jede Lage mit Salz, Pfeffer und etwas Thymian würzen.
Die Fleischbrühe mit dem Rotwein über die Zutaten gießen und den Eintopf bei geschlossener Form im Backofen bei 200 Grad (Gas Stufe 3) etwa 20 Minuten garen.
Vor dem Servieren die warm gehaltenen krossen Speckscheiben auf dem Eintopf verteilen.

Zubereitungszeit: etwa 40 Minuten

Paprikaeintopf (1 Person)

Zutaten

150 g Rindfleisch
1 EL Öl
Salz, frisch gemahlener Pfeffer
Paprikapulver
1 kleine grüne Paprikaschote
1 kleine Zwiebel
2 mittelgroße Kartoffeln
2 Tomaten
½ Bund Petersilie

Zubereitung

Das Rindfleisch in Würfel schneiden und im heißen Öl scharf anbraten. Das Fleisch mit Salz, Pfeffer und Paprikapulver würzen. So viel heißes Wasser dazugießen, daß das Fleisch knapp bedeckt ist. Das Fleisch bei geschlossenem Topf auf kleinster Flamme etwa 20 Minuten schmoren lassen. Inzwischen die Paprikaschote putzen und in Streifen schneiden.
Die Zwiebel und die Kartoffeln schälen, in Würfel schneiden und mit den Paprikastreifen zum Fleisch geben.
Nach Bedarf noch etwas Flüssigkeit dazugießen.
Die Tomaten mit kochendem Wasser überbrühen, in Achtel schneiden und nach etwa 20 Minuten Kochzeit zum Eintopf geben. Alles noch 10 Minuten leicht kochen lassen.
Vor dem Servieren den Eintopf kräftig abschmecken.

Zubereitungszeit: etwa 60 Minuten

Gemüseeintopf (1 Person)

Zutaten

50 g durchwachsener Speck
2 kleine Zwiebeln
200 g Rinderhack
Salz, frisch gemahlener Pfeffer
Paprikapulver
1 Paket tiefgefrorenes serbisches Suppengemüse (300 g)
etwa ¼ l Fleischbrühe (Instant)
2 EL Tomatenmark aus der Tube

Zubereitung

Den Speck würfeln und in einem Topf langsam ausbraten.
Die Zwiebeln schälen, fein hacken und zum Speck geben.
Das Hackfleisch dazugeben und anbraten, mit Salz, Pfeffer und Paprikapulver würzen.
Das Suppengemüse und die Fleischbrühe dazugeben und alles zugedeckt etwa 20 Minuten schmoren lassen.
Zum Schluß das Tomatenmark unterrühren und den Eintopf nochmals abschmecken.

Zubereitungszeit: etwa 30 Minuten

Sauerkrautsalat (1 Person)

Zutaten

150 g rohes Sauerkraut
1 kleiner Apfel
1 EL gehackte Haselnüsse
2 EL Öl
Salz, Zucker, frisch gemahlener Pfeffer

Zubereitung

Das Sauerkraut mit einer Gabel auflockern.
Den Apfel waschen, halbieren und das Kerngehäuse entfernen. Den Apfel grob reiben und unter das Sauerkraut mischen.
Die gehackten Haselnüsse darüberstreuen.
Das Öl über die Zutaten gießen, alles vermengen und mit Salz, Zucker und Pfeffer abschmecken.

Zubereitungszeit: etwa 10 Minuten

Variation:

Mischen Sie statt des Apfels eine Scheibe Ananas aus der Dose (Resteverwertung) unter das Sauerkraut. Statt 2 Eßlöffeln Öl nehmen Sie einen und geben noch einen Eßlöffel Ananassaft dazu.

Blumenkohlsalat (2 Personen)

Zutaten

½ Blumenkohl

Salz

Für die Marinade:

3 EL Öl

2 EL Kräuteressig

Salz, frisch gemahlener Pfeffer

1 Prise Zucker

Und außerdem:

2 hartgekochte Eier

2 etwas dickere Scheiben gekochter Schinken

½ Bund Petersilie

Zubereitung

Den Blumenkohl in Röschen schneiden, waschen und in reichlich Salzwasser etwa 10 Minuten kochen, die Röschen müssen noch bißfest sein. Auf einem Sieb abtropfen lassen und in eine Schüssel geben.

Das Öl mit dem Kräuteressig verrühren und mit Salz, Pfeffer und Zucker abschmecken. Die Marinade über den Blumenkohl gießen und den Salat zugedeckt im Kühlschrank etwa 1 Stunde ziehen lassen.

Danach die Eier pellen und fein hacken. Den Schinken in Würfel schneiden.

Die Petersilie waschen, ausschütteln und fein hacken. Diese Zutaten unter den Salat mischen.

Zubereitungszeit (ohne Ruhezeit): etwa 25 Minuten

Die zweite Hälfte des Blumenkohls können Sie als Blumenkohlsuppe (siehe Seite 32) oder als Blumenkohl, gratiniert (siehe Seite 69) verwenden.

Deftiger Maissalat (2 Personen)

Zutaten

½ kleine Dose Mais

2 EL Zitronensaft

3 Tomaten

100 g Rauchfleisch

Für die Marinade:

50 g Mayonnaise

1 EL Whisky

1 TL geriebener Meerrettich aus der Tube

Salz, weißer Pfeffer

Zucker

½ Bund Schnittlauch

Zubereitung

Den Mais auf einem Sieb abtropfen lassen, dann in eine Schüssel geben und mit Zitronensaft beträufeln.

Die Tomaten waschen, trocknen und in kleine Würfel schneiden. Das Rauchfleisch ebenfalls in Würfel schneiden und mit den Tomaten zum Mais geben.

Die Mayonnaise mit dem Whisky und dem Meerrettich verrühren und mit Salz, Pfeffer und Zucker abschmecken.

Die Marinade unter den Salat mischen und den Salat 20 Minuten im Kühlschrank ziehen lassen.

Den Schnittlauch waschen, in Röllchen schneiden und vor dem Servieren über den Salat streuen.

Zubereitungszeit (ohne Durchziehen): etwa 10 Minuten

Den Restinhalt der Dose mit Mais können Sie für »Spaghetti-Allerlei« (siehe Seite 122) verwenden.

Zucchini-Champignon-Salat (1 Person)

Zutaten

150 g Zucchini
100 g Champignons
2 Zweige Basilikum
½ Zitrone
½ TL milder Senf
Salz, frisch gemahlener Pfeffer
1 Prise Zucker
⅛ l süße Sahne

Zubereitung

Die Zucchini gut abwaschen, abtrocknen und in dünne Scheiben schneiden.
Die Champignons waschen, putzen und ebenfalls in Scheiben schneiden.
Das Basilikum waschen, ausschütteln und grob hacken, dabei einige Blätter für die Dekoration zurückbehalten. Diese Salatzutaten in einer Schüssel mischen.
Den Zitronensaft mit dem Senf, Salz, Pfeffer und dem Zucker verrühren und nach und nach die Sahne dazugeben.
Die Soße kräftig mit einem Schneebesen schlagen, damit sie schön locker wird.
Die Soße über die Salatzutaten gießen und alles etwa 10 Minuten ziehen lassen.
Vor dem Servieren Basilikum als Dekoration um den Salat legen.

Zubereitungszeit: etwa 15 Minuten, außerdem 10 Minuten zum Durchziehen

Bunter Kartoffelsalat (2 Personen)

Zutaten

500 g Kartoffeln
2 Tomaten
125 g Salatgurke
4 Frühlingszwiebeln
1 Bund Radieschen
Für die Marinade:
¼ l Fleischbrühe (Instant)
1 EL Senf, 3 EL Essig
Salz, frisch gemahlener Pfeffer
1 Bund Schnittlauch
1 Karton Kresse

Zubereitung

Die Kartoffeln gründlich waschen und etwa 20 Minuten in Salzwasser kochen.
Inzwischen die Tomaten und die Gurke waschen und in Scheiben schneiden.
Die Frühlingszwiebeln und die Radieschen putzen, waschen und ebenfalls in Scheiben schneiden.
Die Fleischbrühe mit dem Senf und dem Essig zum Kochen bringen.
Die gegarten Kartoffeln pellen und gleich in die noch heiße Brühe schneiden.
Die Frühlingszwiebeln dazugeben und alles mit Salz und Pfeffer abschmecken.
Danach die Tomaten, die Gurke und die Radieschen untermischen.
Den Schnittlauch in Röllchen schneiden, die Kresse abschneiden und beides über den Salat streuen.

Zubereitungszeit: etwa 30 Minuten

Spinatsalat mit Speck (1 Person)

(Farbtafel Seite 53)

Zutaten

100 g junge Spinatblätter
1 hartgekochtes Ei
50 g geräucherter Speck
½ TL scharfer Senf
1 EL Kräuteressig
weißer Pfeffer
1 EL kaltgepreßtes Olivenöl
1 EL Rotweinessig

Zubereitung

Die Spinatblätter verlesen, die Stiele abschneiden und die Blätter waschen und abtropfen lassen.
Das Ei pellen, halbieren und das Eigelb herauslösen. Das Eigelb durch ein Sieb streichen, das Eiweiß fein hacken.
Den Speck in Würfel schneiden und in einer kleinen Pfanne bei nicht zu starker Hitze auslassen.
Den Senf mit dem Eigelb und dem Kräuteressig verrühren und mit Pfeffer würzen.
Dann mit kräftigem Schlagen das Öl dazugeben.
Den Speck aus der Pfanne heben.
Den Spinat in einer Schüssel mit der Soße, den Speckwürfeln und dem gebratenen Eiweiß vermischen.
Das restliche Speckfett mit dem Rotweinessig aufkochen und sofort über den Salat gießen.

Zubereitungszeit: 20 Minuten

Feldsalat in Sauerrahm (2 Personen)

Zutaten

100 g Feldsalat
50 g in dünne Scheiben geschnittener Schinkenspeck
1 Knoblauchzehe
1 Sardellenfilet
2 EL Weinessig
1 EL Walnußöl
2 EL dicke saure Sahne oder Crème fraîche
Salz, weißer Pfeffer
1 Prise Zucker
½ Scheibe Toastbrot
10 g Butter

Zubereitung

Den Feldsalat putzen, waschen und abtropfen lassen.
Die Speckscheiben in ein Sieb legen, mit kochendem Wasser überbrühen und trockentupfen. Danach in dünne Streifen schneiden.
Die Knoblauchzehe pellen und sehr fein hacken. Das Sardellenfilet wässern, trockentupfen und ebenfalls fein hacken.
Beides mit dem Essig, dem Walnußöl und der sauren Sahne verrühren und mit Salz, Pfeffer und Zucker abschmecken.
Das Toastbrot in kleine Würfel schneiden und in einer Pfanne in der zerlassenen Butter anrösten.
Den Salat mit der Soße und dem Speck vermischen und mit den Brotwürfelchen bestreuen. Sofort servieren.

Zubereitungszeit: 25 Minuten

Farbtafel III: Spinatsalat mit Speck *(Rezept Seite 51)*

P

Bambussprossensalat (2 Personen)

Zutaten

1 kleine rote Paprikaschote
2 hartgekochte Eier
1 kleine süßsauer eingelegte Gurke
200 g Bambussprossen aus der Dose
Für die Marinade:
2 EL Essig, 2 EL Olivenöl
2 EL Sojasoße
1 Msp. Ingwer
Salz
Und außerdem:
½ Bund Dill
einige Estragonblätter

Zubereitung

Die Paprikaschote waschen, putzen und in kleine Würfel schneiden.
Die Eier pellen und mit der Gurke ebenfalls in Würfel schneiden.
Die Bambussprossen abtropfen lassen und in grobe Streifen schneiden.
Danach das Gemüse miteinander mischen und etwas durchziehen lassen.
Inzwischen den Essig mit dem Olivenöl und der Sojasoße verrühren und mit dem Ingwer und Salz würzen.
Den Dill und die Estragonblätter waschen, fein hacken und unter das Gemüse mischen.
Die Soße darübergeben und den Salat vor dem Servieren etwa 10 Minuten durchkühlen lassen.

Zubereitungszeit: etwa 25 Minuten

Möhren-Apfel-Salat (1 Person)

Zutaten

1 Möhre (125 g)
1 säuerlicher Apfel
1 EL Zitronensaft
je 1 Prise Salz und Zucker
1 EL gehackte Haselnüsse

Zubereitung

Die Möhre putzen, waschen und fein raspeln. Den Apfel schälen, halbieren, entkernen und grob raspeln.
Beides mischen und mit Zitronensaft, Salz und Zucker würzen. Zum Schluß die gehackten Haselnüsse darüberstreuen.

Zubereitungszeit: etwa 5 Minuten

Reissalat mit Krabben (2 Personen)

Zutaten

125 g Reis
Salz, 2 EL Essig
150 g Krabben
1 kleine Zwiebel
1 kleine Mango
¼ frische Ananas
2 EL gehackte Petersilie
Für die Marinade:
2 EL Weinessig
2 EL Öl
Salz, weißer Pfeffer

Zubereitung
Den Reis kochen, abschmecken und sofort in 2 Eßlöffeln Essig vermischt mit 2 Eßlöffeln Wasser wenden. Während des Abkühlens den Reis mehrmals wenden, damit sich die Säure gleichmäßig verteilt.
Inzwischen die Krabben vorbereiten: gekochte Krabben schälen, rohe Krabben in etwas Öl anbraten und dann schälen. (Verwenden Sie eine größere Portion tiefgefrorene Krabben, können Sie einen Teil der Krabben mit Rührei anbraten und auf einem kräftigen Graubrot anrichten.)
Die Zwiebel schälen und ganz fein hacken. Die Mango schälen und in Würfel schneiden.
Von der Ananas ein Viertel abschneiden, dieses in Scheiben und dann in Würfel schneiden, dabei den harten Kern entfernen.
Alle Zutaten nun in einer Schüssel mischen und mit einer Soße aus Essig und Öl übergießen. Den Salat durchziehen lassen und mit Salz und Pfeffer abschmecken.

Zubereitungszeit: etwa 40 Minuten

Die restliche Ananas können Sie als Dessert mit Sahne und als Frühstück mit Müsli verwenden.

Fleischsalat (1 Person)

Zutaten

100 g Fleischwurst

75 g Emmentaler Käse

1 Gewürzgurke

1 kleine Zwiebel

Für die Marinade:

2 EL Essig

2 EL Öl

Salz, frisch gemahlener Pfeffer

1 EL gehackte Petersilie

Zubereitung

Die Fleischwurst pellen und mit dem Käse in feine Würfel schneiden.

Die Gewürzgurke in Scheiben schneiden und die geschälte Zwiebel fein hacken. Alle Zutaten in einer Schüssel mischen.

Den Essig mit dem Öl verrühren und mit Salz und Pfeffer würzen. Zum Schluß die Petersilie dazugeben.

Die Soße über die Salatzutaten gießen und alles gut durchziehen lassen.

Zubereitungszeit: etwa 10 Minuten

Statt der Fleischwurst können Sie auch Fleisch- oder Schinkenreste für diesen Salat nehmen.

Thunfischsalat (1 Person)

Zutaten

½ Dose Thunfisch
2 EL Langkornreis
1 Zwiebel
1 TL Salz
1 Gewürzgurke
1 TL Kapern
1 Zwiebel
2 EL würzige Salatmarinade (Fertigprodukt)

Zubereitung

Den Thunfisch mit zwei Gabeln zerpflücken und in eine Schüssel geben.
Den Langkornreis mit der Zwiebel in Salzwasser etwa 10 Minuten garen.
Die Gewürzgurke in kleine Würfel schneiden, die Kapern fein hacken und die geschälte Zwiebel in feinste Ringe schneiden.
Den Reis auf ein Sieb geben, mit kaltem Wasser abschrecken und abtropfen lassen.
Danach alle Salatzutaten mischen, die Marinade unterziehen und den Salat etwa 30 Minuten durchziehen lassen.

Zubereitungszeit (ohne Ruhezeit): etwa 15 Minuten

Falls Sie noch Reste von gekochtem Reis haben, können Sie diese hier gut verwenden.

Italienischer Spaghettisalat (2 Personen)

Zutaten

100 g Spaghetti
Salz, 1 TL Öl
100 g gekochter Schinken
1 Gewürzgurke
1 kleine grüne Paprikaschote
5 mit Paprika gefüllte Oliven
2 kleine Tomaten
½ Bund Petersilie
Für die Marinade:
2 EL Salatmayonnaise
2 EL Joghurt
1 EL Zitronensaft
Salz, weißer Pfeffer
einige Spritzer Tabascosoße

Zubereitung

Die Spaghetti in kleine Stücke brechen und in kochendem Salzwasser, dem das Öl beigegeben wurde, etwa 10 Minuten kochen, sie müssen noch bißfest sein.
Danach die Spaghetti auf ein Sieb geben, mit kaltem Wasser überbrausen und dann abtropfen lassen.
Den Schinken und die Gewürzgurke in kleine Würfel schneiden.
Die Paprikaschote waschen, putzen und ebenfalls würfeln.
Die Oliven in Scheiben, die gewaschenen Tomaten in Achtel schneiden. Die Petersilie waschen, abtrocknen und fein hacken.
Alle Zutaten locker in einer Schüssel mischen.
Die Mayonnaise mit dem Joghurt und Zitronensaft verrühren und mit Salz, Pfeffer und Tabasco abschmecken.

Die Soße unter die Salatzutaten mischen und den Salat mindestens 1 Stunde durchziehen lassen.

Zubereitungszeit: etwa 15 Minuten

Thunfisch mit Schwips (1 Person)

Zutaten

½ Dose Thunfisch
1 EL Weinbrand
1 TL Kapern
1 kleine Gewürzgurke
1 Tomate
frisch gemahlener Pfeffer
Zwiebelsalz
1 EL Schnittlauchröllchen

Zubereitung

Den Thunfisch mit einer Gabel zerpflücken und den Weinbrand darüberträufeln.
Die Kapern hacken, die Gewürzgurke sehr fein würfeln und dazugeben.
Die Tomate in Scheiben schneiden und auf einem Teller anrichten, mit Pfeffer und Zwiebelsalz würzen.
In die Mitte den angerichteten Thunfischsalat füllen und mit Schnittlauchröllchen bestreuen.

Beilage: Französisches Weißbrot mit Butter oder Knoblauchbutter je nach Geschmack.

Zubereitungszeit: 5 Minuten

Champignon-Eier-Salat (1 Person)

Zutaten

50 g frische Champignons
Zitronensaft
2 hartgekochte Eier
1 EL gehackte Petersilie
1 Tomate
Für die Marinade:
1 EL Salatmayonnaise
2 EL Joghurt
Paprikapulver, Salz
weißer Pfeffer

Zubereitung

Die Champignons putzen, waschen und in Scheiben schneiden, sofort mit etwas Zitronensaft beträufeln.
Die Eier pellen, in Scheiben schneiden und unter die Champignons heben. Die Petersilie darüberstreuen. Die Salatmayonnaise mit dem Joghurt verrühren und mit Paprikapulver, Salz und Pfeffer würzen.
Die Salatsoße unter die Zutaten ziehen.
Die Tomate waschen, in Achtel schneiden und den Salat damit garnieren.

Zubereitungszeit: etwa 10 Minuten

Variation:

Nehmen Sie statt der Eier 100 g gekochten Schinken und 1 kleine Zwiebel, beides in kleine Würfel geschnitten.

Kohlrabi mit Senfsoße (2 Personen)

Zutaten

1 Paket tiefgekühlter Kohlrabi (300 g)
Salz
1 Päckchen holländische Soße
¼ l Wasser
1 TL Zitronensaft
1 TL gemischte Kräuter

Zubereitung
Den Kohlrabi aus der Packung in etwas kochendes Salzwasser geben und im geschlossenen Topf nach dem Aufkochen bei schwacher Hitze etwa 15 Minuten dünsten. Inzwischen die holländische Soße mit dem Wasser nach Anweisung auf der Packung zubereiten, mit dem Zitronensenf und den Kräutern würzen.
Den Kohlrabi aus dem Wasser heben, zur holländischen Soße geben und kurz durchziehen lassen.

Beilage: Kurz gebratenes Fleisch und Salzkartoffeln

Zubereitungszeit: etwa 20 Minuten

Brokkoli mit Kalbscurry (1 Person)

Zutaten

250 g Brokkoli
Salz, Pfeffer
geriebene Muskatnuß
150 g Kalbfleisch aus der Keule
1 EL Margarine
1 Zwiebel
½ TL Curry
1 TL Mehl
knapp ⅛ l Fleischbrühe (Instant)
2 EL süße Sahne
1 TL Mandelblättchen

Zubereitung

Den Brokkoli putzen, waschen, eventuell etwas kleinschneiden und in Salzwasser, gewürzt mit Pfeffer und Muskat, etwa 10 Minuten leicht kochen lassen.

Inzwischen das Kalbfleisch in feine Streifen schneiden.

Die Margarine in einer Pfanne heiß werden lassen und das Fleisch darin mit der feingewürfelten Zwiebel anbraten. Das Fleisch mit Curry und Salz würzen, mit dem Mehl bestäuben, durchrühren und mit der Brühe ablöschen. Alles einmal aufkochen lassen und die Sahne unterrühren.

Den Brokkoli aus dem Wasser heben, auf einem vorgewärmten Teller anrichten und das Kalbscurry ringsum verteilen. Das Gericht mit Mandelblättchen bestreuen.

Beilage: Reis oder Salzkartoffeln

Zubereitungszeit: etwa 20 Minuten

Chicorée mit Schinken (1 Person)

Zutaten

1 große oder 2 kleine Stauden Chicorée

1 TL Zitronensaft

1 kleine Zwiebel

Salz

1 oder 2 Scheiben gekochter Schinken

1 Ei

½ Päckchen »Helle Soße«

Zubereitung

Den Chicorée putzen, am unteren Ende den bitteren Kern herausschneiden und die Staude waschen.

⅛ Liter Wasser mit dem Zitronensaft, der geschälten und halbierten Zwiebel und einer Prise Salz zum Kochen bringen und die Chicoréestaude darin etwa 10 Minuten garen.

Den Chicorée gut abtropfen lassen und mit dem Schinken umwickeln.

Das Ei hart kochen, abschrecken, pellen und in grobe Würfel schneiden. Die Würfel über den Chicorée streuen und alles warm stellen.

Den Gemüsesud mit der hellen Soße binden und über den Chicorée gießen.

Beilage: Französisches Weißbrot

Zubereitungszeit: etwa 20 Minuten

Champignons à la Crème (1 Person)

Zutaten

150 g frische Champignons
1 kleine Zwiebel
1 EL Butter
Salz, weißer Pfeffer
1 Msp. Thymian
3 EL Crème fraîche

Zubereitung

Die Champignons putzen, waschen und in nicht zu dünne Scheiben schneiden.
Die Zwiebel schälen und fein hacken.
Die Butter in einem Topf zerlassen, die Zwiebeln darin glasig dünsten, die Champignons dazugeben und mit Salz, Pfeffer und dem Thymian würzen.
Die Champignons bei geschlossenem Topf etwa 5 Minuten leicht kochen lassen, dann den Topf öffnen und die Flüssigkeit einkochen lassen.
Wenn fast alle Flüssigkeit eingekocht ist, Crème fraîche unterrühren und alles einmal aufkochen lassen.

Beilage: kurz gebratenes Fleisch oder gekochter Schinken, Spätzle oder Reis.

Zubereitungszeit: etwa 20 Minuten

Variation:

Auf die gleiche Art können Sie Pfifferlinge oder andere Waldpilze zubereiten, nur lassen Sie dann den Thymian weg und nehmen statt dessen gehackte Petersilie.

Schmorgurken in Käse-Kräuter-Sahne
(2 Personen)

Zutaten

500 g Schmorgurken
oder 1 Salatgurke
etwas Wasser
Salz, weißer Pfeffer
75 g Kräuterfrischkäse
⅛ l süße Sahne
2 Eigelb
½ Bund Dill

Zubereitung
Die Gurken schälen, der Länge nach halbieren und mit einem kleinen Löffel die Kerne herausschaben.
Das Gurkenfleisch in Stücke schneiden, in eine Schüssel geben und mit Salz bestreuen.
Den Kräuterfrischkäse mit der Sahne in einen Topf geben und bei milder Hitze etwa 7 Minuten einkochen.
Die Gurkenstücke mit etwas Wasser 8 bis 10 Minuten in einem zweiten Topf zugedeckt schmoren, mit Pfeffer würzen.
Von der Käsesahnesoße 2 Eßlöffel mit den Eigelben verquirlen und dann zurück in die Soße geben. Alles heiß werden lassen, aber nicht mehr kochen.
Die Gurkenstücke mit einem Schaumlöffel aus der Flüssigkeit heben und in die Soße geben.
Den Dill waschen, ausschütteln, fein hacken und vor dem Servieren unter die Gurken ziehen.

Beilage: Kurz gebratenes Fleisch und Kartoffeln oder Reis

Zubereitungszeit: etwa 30 Minuten

Westernbohnen (1 Person)

Zutaten

1 kleine Zwiebel
1 EL Öl
1 kleine Dose rote Bohnen (Einwaage 290 g)
1 EL Tomatenmark aus der Tube
Paprikapulver
Pfeffer, Salz
1 EL Öl
2 Scheiben Schinkenspeck
1 Ei
1 EL in Röllchen geschnittener Schnittlauch

Zubereitung

Die Zwiebel schälen und hacken.

Das Öl in einen Topf geben, heiß werden lassen und die Zwiebel darin anbraten.

Die Dose öffnen und etwas Flüssigkeit abschütten, dann die Bohnen mit dem restlichen Bohnenwasser zu den Zwiebeln geben. Das Tomatenmark unterrühren und das Gericht mit Paprika, Pfeffer und Salz abschmecken.

Alles unter Rühren einmal aufkochen lassen, dann noch 2 bis 3 Minuten bei geschlossenem Topf ziehen lassen.

In der Zwischenzeit das Öl in einer Pfanne erhitzen und den Schinkenspeck darin anrösten.

Das Ei aufschlagen und vorsichtig über den Schinkenspeck gleiten lassen.

Die Bohnen auf einem vorgewärmten Teller anrichten, den Schinkenspeck mit dem Spiegelei darauflegen und mit Schnittlauchröllchen bestreuen.

Zubereitungszeit: etwa 15 Minuten

Blumenkohl, gratiniert (1 Person)

Zutaten

½ Blumenkohl (etwa 250 g)
Salz, 15 g Butter
1 EL Mehl
⅛ l Fleischbrühe (Instant)
⅛ l Milch
Salz, weißer Pfeffer
50 g geriebener Käse

Zubereitung

Den Blumenkohl in Röschen schneiden, waschen und in Salzwasser etwa 10 Minuten leicht kochen lassen (die Röschen sollten noch bißfest sein).
Inzwischen die Butter in einem kleinen Topf zergehen lassen, das Mehl dazugeben, leicht anrösten und nach und nach die Fleischbrühe dazugießen. Zum Schluß die Milch dazugeben. Die Soße mit Salz und Pfeffer abschmecken und die Hälfte des geriebenen Käses unterrühren.
Den Blumenkohl in eine feuerfeste Auflaufform geben, die Soße darübergießen und den restlichen Käse darüberstreuen. Den Blumenkohl im Backofen bei 225 Grad (Gas: Stufe 4) 15 bis 20 Minuten überbacken.

Beilage: Schinkenröllchen und Salzkartoffeln

Zubereitungszeit: etwa 35 Minuten

Die zweite Hälfte des Blumenkohls können Sie als Salat (siehe Seite 47) oder als Blumenkohlsuppe (siehe Seite 32) verwenden.

Gemüse mit geschnetzeltem Schweinefleisch (1 Person)

(Farbtafel Seite 71)

Zutaten

1 Schweineschnitzel
1–2 TL Sojasoße
je 1 Msp. Pfeffer, Curry und Paprikapulver
1 Zwiebel
1 Möhre (100 g)
1 kleine Stange Porree (100 g)
1 kleine Fenchelknolle (etwa 150 g)
3 TL Öl
etwas Knoblauchsalz

Zubereitung

Das Schnitzel in dünne Streifen schneiden und in eine Schüssel geben. Sojasoße, Pfeffer, Curry und Paprikapulver dazugeben, alles gut vermischen und zugedeckt ziehen lassen.
Inzwischen die Möhre und die Zwiebel schälen, den Porree und die Fenchelknolle putzen. Das Gemüse kalt abspülen und abtropfen lassen.
Die Zwiebel in kleine Würfel, das übrige Gemüse in dünne Streifen schneiden.
Das Öl in einer Pfanne heiß werden lassen, die Fleischstreifen hineingeben und unter Rühren etwa 5 Minuten anbraten.
Danach das vorbereitete Gemüse dazugeben und alles nochmals 5 Minuten unter Rühren schmoren. Das Gemüse muß noch bißfest sein, es sollte auf keinen Fall zerkochen. Das Gericht mit etwas Knoblauchsalz nachwürzen.

Beilage: Nudeln, Reis oder Brot

Zubereitungszeit: etwa 20 Minuten

Überbacken Tomaten (2 Personen)

Zutaten

4 Fleischtomaten (à 200 g)
2 Mozzarellakäse (à 150 g)
1 Bund Basilikum
1 kleines Glas schwarze Oliven (Einwaage 85 g)
1 EL Olivenöl
Salz, frisch gemahlener Pfeffer

Zubereitung

Die Tomaten waschen und in dicke Scheiben schneiden.

Den Mozzarella abtropfen lassen und ebenfalls in Scheiben schneiden.

Das Basilikum waschen, ausschütteln und die Blätter grob zerschneiden.

Die Tomaten mit dem Mozzarella scheibenweise wieder zusammensetzen und mit Basilikum bestreuen.

Die »Käsetomaten« in eine flache Auflaufform setzen, die abgetropften Oliven dazugeben und alles mit Olivenöl beträufeln.

Die Tomaten im Backofen bei 225 Grad (Gasherd Stufe 4) etwa 20 Minuten überbacken.

Nach dem Backen das Gericht mit Salz und grob gemahlenem Pfeffer würzen.

Beilage: französisches Weißbrot

Zubereitungszeit: etwa 40 Minuten

Risotto mit Morcheln (2 Personen)

Zutaten

25 g getrocknete Morcheln
50 g Pinienkerne,
200 g Mangold
2 kleine Zwiebeln
40 g Butter oder Margarine,
125 g Reis
Salz, frisch gemahlener Pfeffer
75 g geriebener Parmesankäse
½ Becher süße Sahne

Zubereitung

Die Morcheln unter kaltem Wasser in einem Sieb gründlich abbrausen und in ¼ l lauwarmem Wasser einweichen.
Die Pinienkerne in einer Pfanne ohne Fett goldbraun rösten.
Den Mangold putzen und waschen. Die Stiele in Würfel und die Blätter in Streifen schneiden.
Die Zwiebeln schälen, fein hacken und in der Butter oder Margarine anbraten.
Den Reis dazugeben und ebenfalls goldbraun anbraten.
Die Morcheln ausdrücken und zum Reis geben. Das Einweichwasser durch ein feines Sieb zum Reis gießen.
Den Reis zugedeckt 15 Minuten garen.
Danach den Mangold dazugeben und zugedeckt weitere 10 Minuten garen. Das Gericht kräftig mit Salz und Pfeffer würzen, den geriebenen Käse und die Sahne dazugeben und nochmals heiß werden lassen.
Vor dem Servieren die Pinienkerne darüberstreuen.

Zubereitungszeit: etwa 50 Minuten

Dieses Gericht läßt sich gut einfrieren, aber ohne Pinienkerne.

Züricher Geschnetzeltes (1 Person)

Zutaten

1 Kalbsschnitzel (etwa 150 g)
100 g frische Champignons
1 kleine Zwiebel
2 EL Öl
2 EL Weißwein
Salz, weißer Pfeffer
1 Scheibe Schweizer Käse
2 EL süße Sahne

Zubereitung
Das Kalbsschnitzel in feine Streifen schneiden.
Die Champignons putzen, waschen und in Scheiben schneiden. Die Zwiebel schälen und fein hacken.
Das Öl in einer Pfanne heiß werden lassen und das Fleisch darin von allen Seiten anbraten.
Die Champignons und die Zwiebeln dazugeben und andünsten.
Den Wein dazugeben und alles mit Salz und Pfeffer würzen und etwa 10 Minuten zugedeckt schmoren lassen.
Den Käse in Streifen schneiden, zum Fleisch geben und schmelzen lassen.
Zum Schluß die Sahne unterrühren.

Beilage: Rösti (gibt es tiefgekühlt zu kaufen)

Zubereitungszeit: etwa 25 Minuten

Griechisches Hacksteak (1 Person)

Zutaten

100 g Rinderhack
2 EL Dosenmilch
Salz, Pfeffer
Paprikapulver
1 EL gehackte Petersilie
1 Msp. Knoblauchsalz
20 g griechischer Schafskäse (Feta)
1 EL Paniermehl
2 EL Öl

Zubereitung
Das Hackfleisch mit der Dosenmilch vermischen und mit Salz, Pfeffer und Paprikapulver würzen. Die gehackte Petersilie und das Knoblauchsalz dazugeben.
Ein großes, rundes, flaches Steak formen und den Schafskäse im Stück in die Mitte geben. Das Hackfleisch um den Käse zu einer ovalen Frikadelle formen und in Paniermehl wenden.
Das Öl in einer Pfanne heiß werden lassen und das Steak darin rundherum in etwa 10 Minuten goldbraun braten.

Beilage: Brot und Salat

Zubereitungszeit: etwa 15 Minuten

Hühnerbrust mit Apfel (1 Person)

Zutaten

1 frische Hühnerbrust (gibt es einzeln zu kaufen)
Pfeffer, Salz, 1 EL Mehl
1 EL Öl, 1 TL Butter
⅛ l Hühnerbrühe (Instant)
1 EL Portwein
1 EL gemahlene Haselnüsse
1 säuerlicher Apfel
10 g Butter, 1 TL Zitronensaft

Zubereitung

Die Hühnerbrust unter kaltem Wasser abspülen und trockentupfen. Das Fleisch mit Salz und Pfeffer einreiben und mit Mehl bestäuben.
Das Öl und die Butter in einer Pfanne heiß werden lassen, die Hühnerbrust hineinlegen, von beiden Seiten in etwa 15 Minuten gar braten und warm stellen.
Den Bratensatz mit der Hühnerbrühe aufkochen und den Portwein dazugeben. Die gemahlenen Haselnüsse unterrühren und die Soße noch etwa 5 Minuten leicht kochen lassen, dabei mehrmals umrühren.
Inzwischen den Apfel schälen, vierteln, das Kerngehäuse entfernen und die Viertel in dünne Scheiben schneiden.
Die Butter in einer kleinen Pfanne zergehen lassen und die Apfelspalten darin 5 Minuten braten.
Die gebratenen Apfelstücke als Garnierung um die Hühnerbrust legen und mit Zitronensaft beträufeln. Die Soße getrennt dazu reichen.

Beilage: Reis oder getoastetes Weißbrot

Zubereitungszeit: etwa 30 Minuten

Kalbsleber Berliner Art (1 Person)

Zutaten

1 Scheibe Kalbsleber (etwa 125 g)

etwas Milch

etwas Mehl

20 g Margarine

1 kleiner Apfel

Salz, Pfeffer

Zubereitung

Die Leber zunächst in etwas Milch, dann in Mehl wenden.

Die Margarine in einer Pfanne heiß werden lassen und die Leber von jeder Seite 3 bis 5 Minuten braten. Die Leber herausheben und warm stellen.

Das Kerngehäuse des Apfels mit einem Apfelausstecher herausstechen und den Apfel in Scheiben schneiden.

Die Apfelscheiben im Bratfett von beiden Seiten goldgelb braten und dann um die Leber verteilen. Beides mit Salz und Pfeffer würzen.

Beilage: Kartoffelpüree

Zubereitungszeit: etwa 15 Minuten

Variation:

Nehmen Sie statt des Apfels eine Zwiebel, die Sie schälen und in dünnste Scheiben schneiden. Ist die Pfanne groß genug, können Sie sie gleich mit der Leber zusammen braten.

Jägersteak (1 Person)

Zutaten

1 Rindersteak (Beefsteak)
Pfeffer, Salz
1 EL Öl
1 kleine Dose Pfifferlinge
2 EL Crème fraîche
1 EL gehackte Petersilie

Zubereitung

Vom Steak den Fettrand in Abständen einschneiden, damit sich das Fleisch beim Braten nicht wellt.
Das Fleisch leicht klopfen und mit Pfeffer würzen.
Das Öl in einer Pfanne heiß werden lassen und das Fleisch von jeder Seite – je nach Geschmack – 3 bis 5 Minuten braten, danach mit Salz würzen und warm stellen.
Die abgetropften Pfifferlinge in das Bratfett geben, erhitzen und die Crème fraîche unterrühren. Die Soße mit Salz und Pfeffer abschmecken und zum Schluß die Petersilie unterrühren. Die fertige Soße über das angerichtete Steak geben.

Beilage: frisches Brot und Salat oder Pommes frites

Zubereitungszeit: etwa 15 Minuten

Variation:

Geben Sie statt der Pfifferlinge 2 Teelöffel eingemachten grünen Pfeffer und 4 Eßlöffel Sahne in das Bratfett und lassen alles einmal aufkochen.

Gefülltes Schnitzel (1 Person)

Zutaten

1 dickes Schweineschnitzel
1 Eigelb
1 TL Tomatenmark
1 Prise Zucker
1 EL geriebener Käse
1 TL Tiefkühl-Salatkräuter
1 TL Paniermehl
1 EL Öl, Salz

Zubereitung

In das Schnitzel mit einem scharfen Messer eine Tasche schneiden.
Das Eigelb mit dem Tomatenmark, dem Zucker, dem Käse, den Kräutern und dem Paniermehl sehr gründlich mischen und in das Schnitzel füllen. Die Tasche mit einem Zahnstocher zustecken.
Das Öl in einer Pfanne heiß werden lassen und das Schnitzel von jeder Seite darin etwa 4 Minuten braten, anschließend leicht mit Salz bestreuen.

Beilage: Gemischter Salat und Reis

Zubereitungszeit: etwa 15 Minuten

Schweineschnitzel in Currycreme
(2 Personen)

Zutaten

2 Schalotten
1 kleiner säuerlicher Apfel
1 Zitrone, Salz, Pfeffer
2 Schweineschnitzel
2 EL Öl
10 g Butter oder Margarine
⅛ l Fleischbrühe
Curry, 1 TL Rosinen
2 EL Crème fraîche, 1 TL Speisestärke

Zubereitung

Die Schalotten pellen und fein hacken. Den Apfel schälen, vierteln, das Kerngehäuse entfernen und das Fruchtfleisch in kleine Würfel schneiden. Die Würfel in Zitronenwasser legen, damit sie nicht braun werden.
Das Öl mit der Butter erhitzen und die Schnitzel darin von jeder Seite etwa 1 Minute gut anbraten, dann die Schalotten dazugeben.
Die Fleischbrühe, die Apfelwürfel, reichlich Curry und die Rosinen dazugeben und zugedeckt bei schwacher Hitze etwa 10 Minuten schmoren.
Die Schnitzel auf eine vorgewärmte Platte legen und warm stellen.
Die Crème fraîche mit der Speisestärke verrühren und in die Soße geben. Alles einmal kräftig aufkochen lassen.
Die Soße um die Schnitzel gießen und sofort servieren.

Beilage: körnig gekochter Reis oder französisches Weißbrot

Zubereitungszeit: etwa 20 Minuten

Italienische Kalbfleischroulade (1 Person)

Zutaten

1 Kalbfleischroulade
Salz, frisch gemahlener Pfeffer
25 g geschälte Mandeln
25 g grüne, entkernte Oliven
1 Msp. getrocknetes Basilikum
1 EL Öl
⅛ l Weißwein

Zubereitung

Die Roulade ausbreiten, klopfen, salzen und pfeffern. Die Mandeln mit den Oliven im Mixer pürieren oder sehr fein hacken und 1 Eßlöffel voll beiseite legen. Den Rest auf der Roulade verstreichen und mit etwas getrocknetem Basilikum bestreuen.
Die Roulade aufrollen, mit einer Rouladennadel zusammenhalten und im heißen Öl ringsum anbraten.
Den Wein angießen und die Roulade etwa 30 Minuten schmoren lassen.
Danach die Soße mit dem restlichen Mandel-Oliven-Mus andicken und etwas Basilikum dazugeben.

Beilage: Bandnudeln

Zubereitungszeit: etwa 50 Minuten

Um Arbeit zu sparen, empfiehlt es sich, gleich mehrere Rouladen zuzubereiten und diese portionsweise einzufrieren.

Putenfilet aus der Folie (2 Personen)

Zutaten

400 g Putenfilet im Stück

20 g Butter oder Margarine

1 EL Zitronensaft,

Chilipfeffer

Für die Soße:

2 kleine Schalotten

15 g Butter oder Margarine, 1 EL Mehl

1/10 l Hühnerbrühe (Instant)

1/8 l trockener Weißwein

1 Eigelb, Salz, weißer Pfeffer, 1 Prise Zucker

Zubereitung

Das Putenfilet mit einer Mischung aus der Butter oder Margarine, dem Zitronensaft und etwas Chilipfeffer ringsum bestreichen und in Alufolie verpacken.

Im vorgeheizten Backofen bei 220 Grad (Gas: Stufe 4) etwa 20 Minuten garen.

Inzwischen die Schalotten pellen, hacken und im Fett glasig dünsten. Das Mehl dazugeben und unter Rühren anschwitzen. Die Brühe und den Weißwein dazugießen und die Soße 15 Minuten leicht kochen lassen.

Danach den Bratenfond aus der Alufolie dazugießen, das Fleisch solange im abgeschalteten Ofen durchziehen lassen. Das Eigelb mit etwas Soße verquirlen und unter die restliche Soße rühren, nicht mehr kochen! Die Soße mit Salz, Pfeffer und dem Zucker abschmecken.

Das Fleisch in Scheiben schneiden und in der Soße anrichten.

Beilage: Blattspinat und Salzkartoffeln

Zubereitungszeit: etwa 35 Minuten

Schweinefilet in Cidre (2 Personen)

Zutaten

1 Schweinefilet (etwa 400 g)
2 EL Öl
Salz, frisch gemahlener Pfeffer
2 säuerliche Äpfel
⅛ l Cidre
30 g Butter
3 EL süße Sahne

Zubereitung

Das Schweinefilet in dem heißen Öl anbraten und in den auf 220 Grad (Gas: Stufe 4) vorgeheizten Backofen stellen.
Das Fleisch 15 Minuten braten lassen, danach herausnehmen und zugedeckt ziehen lassen. Erst danach salzen und pfeffern.
Einen Apfel schälen, entkernen und in Würfel schneiden. Die Apfelwürfel unter ständigem Rühren im Bratfett glasig dünsten und dann den Cidre dazugießen. Die Masse »musartig« einkochen lassen.
Den zweiten Apfel schälen, mit einem Apfelausstecher das Kerngehäuse entfernen und den Apfel in Scheiben schneiden.
Die Butter in einer Pfanne erhitzen und die Apfelscheiben von beiden Seiten darin goldbraun anbraten.
Die Sahne in die Soße rühren und bei starker Hitze einkochen lassen.
Das Fleisch aufdecken, mit den Apfelscheiben umlegen und die Soße gesondert dazu reichen.

Beilage: Reis oder Spätzle.

Zubereitungszeit: etwa 35 Minuten

Schweinelende mit Backpflaumen
(2 Personen)

Zutaten

125 g entsteinte Backpflaumen

½ Zitrone, ½ TL Zucker, 4 EL Weißwein

1 kleine Schweinelende (etwa 300 g)

Pfeffer, Salz, 2 EL Öl, 1 Zwiebel

½ Becher süße Sahne

Zubereitung

Die Backpflaumen in kleine Stücke schneiden und mit dem Zitronensaft, dem Zucker und dem Weißwein in einen kleinen Topf geben. Die Pflaumen etwa 5 Minuten kochen lassen.
Inzwischen die Lende kalt abspülen und trockentupfen.
Das Fleisch seitlich einschneiden, so daß es noch zusammenhängt, innen und außen salzen und pfeffern.
Einen Teil der Backpflaumen aus dem Sud nehmen, die Lende damit füllen und dann mit Zahnstochern gut zusammenstekken. Das Öl in einer Pfanne heiß werden lassen und die Lende darin von allen Seiten gut anbraten.
Die Zwiebel schälen, fein hacken und in die Pfanne geben. Etwas von dem Pflaumensud dazugießen, die Pfanne schließen und das Fleisch in etwa 10 Minuten gar schmoren lassen. Die Lende herausnehmen.
Die restlichen Backpflaumen und den Sud in die Pfanne geben und mit der Sahne aufgießen.
Die Soße einmal aufkochen lassen und mit Salz und Pfeffer nach Geschmack würzen.
Die Soße gesondert zur Pflaumenlende reichen.

Beilage: Spätzle

Zubereitungszeit: etwa 25 Minuten

Schmorbraten (1 Person)

Zutaten

300 g Schmorfleisch aus der Schwanzrolle (Rind)
20 g fetter Räucherspeck
1 EL Kräuter der Provence
Salz, weißer Pfeffer
1 EL Öl
¼ l Fleischbrühe
100 g Schalotten
2 kleine Möhren
3 kleine Kartoffeln
5 schwarze Oliven

Zubereitung

Das Fleischstück mit einem spitzen Messer in der Mitte durchbohren. Das Speckstück in den Kräutern der Provence wenden und in die Höhlung schieben.
Das Fleisch von außen mit Salz und Pfeffer würzen und in den Kräutern wenden.
Das Öl in einem kleinen Schmortopf heiß werden lassen und das Fleisch darin von allen Seiten anbraten.
Die Hitze zurückschalten und die Hälfte der Fleischbrühe dazugießen. Das Fleisch zugedeckt bei kleiner Hitze 15 Minuten schmoren lassen.
In der Zwischenzeit die Schalotten schälen, die Möhren putzen und in Stifte schneiden und die Kartoffeln schälen und längs halbieren.
Das Gemüse mit den Oliven um das Fleisch verteilen, die restliche Brühe zugießen und alles zugedeckt bei kleinster Hitze noch etwa 1½ Stunden garen lassen.

Zubereitungszeit: etwa 2 Stunden

Schweinshaxe mit Semmelknödeln

(2 Personen) *(Farbtafel Seite 89)*

Zutaten

1 kleine Schweinshaxe
Pfeffer, Salz
1 Knoblauchzehe
1 EL Öl
1 Zwiebel
⅛ l Malzbier
1 Schachtel Pfeffersoße
2 EL süße Sahne

Zubereitung

Die Schweinshaxe kalt abspülen, mit Küchenkrepp trockentupfen und mit Pfeffer und Salz einreiben.
Die Knoblauchzehe schälen, in Stifte schneiden und rund um den Knochenansatz am oberen Haxenende in das Fleisch stechen.
Das Öl in einem Topf erhitzen und die Haxe darin 10 bis 15 Minuten von allen Seiten scharf anbraten.
Die Zwiebel schälen, fein hacken und mit dem Bier dazugeben. Alles einmal aufkochen lassen, dann das Fleisch bei geschlossenem Topf auf kleinster Stufe 60 bis 70 Minuten – je nach Größe – gar schmoren. Zwischendurch bei Bedarf etwas Wasser nachgießen.
Die Haxe aus dem Topf nehmen und warm stellen.
Den Bratenfond mit Wasser auf etwa ¼ Liter aufgießen und die Pfeffersoße mit einem Schneebesen einrühren. Einmal aufkochen lassen und die Sahne unterziehen.

Zubereitungszeit: 75 bis 95 Minuten

Geschmorte Beinscheibe (2 Personen)

Zutaten

1 Beinscheibe (500 g)
Salz, frisch gemahlener Pfeffer, 1 Zwiebel,
2 EL Pflanzenöl, je 1 Msp. Thymian und Rosmarin
¼ l Fleischbrühe (Instant), 1 kleine Fenchelknolle
2 große Mohrrüben, 200 g grüne Bohnen

Zubereitung

Die Beinscheibe mit kaltem Wasser abwaschen und mit Küchenkrepp trockentupfen. Danach mit Salz und Pfeffer würzen. Die Zwiebel schälen und in Viertel schneiden.
Das Fett in einem kleinen Schmortopf erhitzen und das Fleisch darin von beiden Seiten kräftig anbraten.
Die Zwiebel mitbräunen und die Gewürze darüberstreuen. Etwa die Hälfte der Fleischbrühe angießen und das Fleisch bei geschlossenem Topf etwa 50 Minuten schmoren lassen. Die Fenchelknolle putzen und das Grün beiseite legen. Die Knolle halbieren und in fingerbreite Streifen schneiden.
Die Möhren schälen, waschen und in ½ cm dicke Scheiben schneiden.
Die Bohnen waschen, die Fäden abziehen und einmal durchbrechen. Das Gemüse nach 50 Minuten zum Fleisch geben, die restliche Brühe dazugießen und das Gemüse mit Salz und Pfeffer würzen.
Bei geschlossenem Topf ca. 30 Min. leicht schmoren lassen. Das Fenchelgrün fein hacken und über das Fleisch streuen.

Beilage: Reis oder französisches Weißbrot

Zubereitungszeit: 120 Minuten

Farbtafel V: Schweinshaxe mit Semmelknödeln (Rezept Seite 87)

Wurstgulasch (1 Person)

Zutaten

150 g Fleischwurst
100 g Dörrfleisch
1 Zwiebel
2 TL Tomatenmark aus der Tube
einige Tropfen Tabasco
1 TL Sojasoße
1 TL Zitronensaft
Zwiebelsalz, Paprikapulver
frisch gemahlener Pfeffer
⅛ l Fleischbrühe (Instant)

Zubereitung

Die Fleischwurst häuten und in grobe Stücke schneiden.
Das Dörrfleisch in Würfel schneiden und in einem Topf auslassen. Die Wurst dazugeben und kurz anrösten.
Die Zwiebel schälen, hacken und dazugeben.
Das Tomatenmark mit etwas Tabasco, der Sojasoße und dem Zitronensaft verrühren und unter das Fleisch rühren.
Das Gulasch mit Zwiebelsalz, Paprika und Pfeffer würzen und mit der Fleischbrühe aufgießen.
Bei offenem Topf noch etwa 10 Minuten ziehen lassen.

Beilage: Nudeln

Zubereitungszeit: etwa 20 Minuten

Gefüllte Filetsteaks mit Kräutersoße
(2 Personen)

Zutaten

50 g Schafskäse
1 kleine Zwiebel, 1 Eigelb, 1 Knoblauchzehe
1 EL feingehackte Petersilie
2 Filetsteaks (à 175 g)
frisch gemahlener Pfeffer
20 g Pflanzenfett, Salz
Für die Soße:
½ Becher Sahnejoghurt
50 g Crème fraîche
3 EL frisch gehackte Kräuter, wie Dill, Petersilie,
Kresse, Schnittlauch, Basilikum, Borretsch
Knoblauchsalz, Cayennepfeffer

Zubereitung
Den Schafskäse mit einer Gabel sehr fein zerdrücken. Die Zwiebel schälen, sehr fein hacken und mit dem Eigelb zum Käse geben. Den Saft der Knoblauchzehe dazugeben, die Petersilie unterrühren.
In die Filetsteaks seitlich eine Tasche schneiden, mit der Käsecreme füllen und mit Zahnstochern zustecken. Das Fleisch kräftig mit Pfeffer würzen und im heißen Fett auf jeder Seite etwa 3 Minuten braten, danach erst mit Salz würzen.
Für die Soße den Joghurt mit der Crème fraîche und den gehackten Kräutern verrühren. Die Soße mit Knoblauchsalz und Cayennepfeffer würzen und getrennt zum Fleisch servieren.

Beilage: je nach Geschmack französisches Weißbrot oder ein kräftiges Graubrot

Zubereitungszeit: etwa 20 Minuten

Semmelknödel (2 Personen)

Zutaten

200 g altbackenes Weißbrot
⅛ l Milch
1 Ei
40–50 g Mehl
½–1 TL Salz
1 Msp. geriebene Muskatnuß
1 EL gehackte Petersilie

Zubereitung

Das Weißbrot in kleine Würfel schneiden und in eine Schüssel geben.

Die Milch in einem kleinen Topf zum Kochen bringen und kochendheiß über die Brotwürfel gießen. Diese dann 5 bis 10 Minuten quellen lassen.

Danach das Ei, das Mehl, das Salz, die geriebene Muskatnuß und die Petersilie dazugeben, alles gut durchmischen und zu einem glatten Teig verarbeiten. Den Teig nochmals 10 Minuten quellen lassen.

Inzwischen 1 Liter Wasser mit etwas Salz zum Kochen bringen.

Aus dem Teig 4 bis 6 Klöße formen, dazu die Handflächen leicht mit kaltem Wasser befeuchten.

Die Klöße in das kochende Wasser gleiten lassen und dieses einmal aufkochen lassen. Danach die Klöße bei niedriger Hitze und leicht geöffnetem Topf in etwa 15 Minuten garen. Die Knödel sind gar, wenn sie an die Oberfläche steigen.

Die Klöße mit einer Schaumkelle herausheben, abtropfen lassen und in eine vorgewärmte Schüssel geben.

Zubereitungszeit: 40 bis 45 Minuten

Saltimbocca (2 Personen)

Zutaten

4 dünne Kalbsschnitzel (à 75 g)
Pfeffer, Salz
4 kleine Scheiben roher Schinken
4 frische oder getrocknete Salbeiblätter
2 EL Öl
⅛ l Fleischbrühe
2 EL Weißwein
1 EL rote Johannisbeerkonfitüre
1 TL Zitronensaft
1 EL süße Sahne
frisch gemahlener Pfeffer

Zubereitung

Die Kalbsschnitzel leicht klopfen und mit Salz und Pfeffer einreiben. Jedes Schnitzel mit einer Scheibe Schinken und einem Salbeiblatt belegen.
Die Schnitzel zusammenklappen und mit Zahnstochern feststecken.
Das Öl in einer Pfanne heiß werden lassen und die Schnitzel darin von jeder Seite etwa 3 Minuten braten. Dann aus der Pfanne nehmen und warm stellen.
Den Bratenfond mit der Fleischbrühe loskochen, die Johannisbeerkonfitüre und den Weißwein dazugeben und alles einmal aufkochen lassen. Den Zitronensaft und die Sahne unterrühren und mit Pfeffer würzen.
Die Soße gesondert zu den Schnitzelchen reichen.

Beilage: Spaghetti

Zubereitungszeit: etwa 20 Minuten

Fischgerichte

Heringsfilet nach Hausfrauenart (1 Person)

Zutaten

2 Heringsfilets
1 Gewürzgurke
1 Zwiebel
1 Apfel
⅛ l saure Sahne
⅛ l süße Sahne
1 EL Essig
Salz, Zucker
frisch gemahlener Pfeffer

Zubereitung

Die Heringsfilets unter kaltem Wasser abspülen, mit Küchenkrepp trockentupfen und in mundgerechte Stücke schneiden.
Die Gewürzgurke in kleine Würfel hacken.
Die Zwiebel und den Apfel schälen, die Zwiebel in feine Ringe und den Apfel in dünne Spalten schneiden.
Die saure Sahne mit der süßen Sahne und dem Essig gut verrühren und die Heringsfilets, die Zwiebelringe und die Apfelspalten hineingeben.
Alles mit Salz, Zucker und Pfeffer kräftig abschmecken.
Das Heringsfilet einige Stunden im Kühlschrank in der Marinade ziehen lassen.

Beilage: Salzkartoffeln

Zubereitungszeit: 10 Minuten

Zanderfilet mit Gurken (2 Personen)

Zutaten

400 g Zanderfilet
1 EL Zitronensaft
frisch gemahlener Pfeffer
2 kleine Zwiebeln
500 g Schmorgurken
Salz
20 g fetter Speck
30 g durchwachsener Speck
1 Bund Dill
1 TL mildes Paprikapulver
½ TL scharfes Paprikapulver
100 g Crème fraîche
20 g Butterschmalz
10 g Mehl
1 unbehandelte Zitrone

Zubereitung

Das Zanderfilet unter kaltem Wasser waschen, abtrocknen und mit dem Zitronensaft beträufeln, mit Pfeffer bestreuen.
Die Zwiebeln pellen und hacken. Die Gurken schälen, der Länge nach halbieren und mit einem Teelöffel die Kerne herausschaben. Das Gurkenfleisch in Stücke schneiden, mit Salz bestreuen und zur Seite stellen.
Den fetten Speck in Würfel, den durchwachsenen Speck in Streifen schneiden.
Den Dill waschen, ausschütteln und fein hacken.
Den fetten Speck in einer Pfanne auslassen, den durchwachsenen Speck und die Zwiebeln dazugeben und leicht bräunen. Paprikapulver und Crème fraîche dazugeben und alles etwas einkochen lassen.

Inzwischen die Gurken mit dem Gurkensaft in einem zugedeckten Topf etwa 8 Minuten schmoren, auf einem Sieb abtropfen lassen und zur Specksoße geben. Den gehackten Dill vorsichtig unterziehen.
Das Butterschmalz erhitzen. Die Zanderfilets im Mehl wenden und von jeder Seite 3 bis 4 Minuten braten.
Die Zanderfilets in die Mitte einer vorgewärmten Platte legen und das Gurkengemüse ringsum verteilen.
Die Zitrone waschen, in Spalten schneiden und um den Rand der Platte garnieren oder gesondert zum Fisch reichen.

Beilage: Petersilienkartoffeln

Zubereitungszeit: etwa 55 Minuten

Variation:
Sie können statt des Zanderfilets auch jedes andere Fischfilet, auch tiefgefrorenes, das nach Angaben auf der Packung aufgetaut wurde, nehmen.

Petersilienkartoffeln (2 Personen)

Zutaten

500 g Kartoffeln

Salz, 1 Bund Petersilie

Zubereitung
Die Kartoffeln schälen, waschen und in wenig Salzwasser 15 bis 20 Minuten garen. Das Wasser abgießen und die Kartoffeln im Topf auf der noch heißen Platte etwas trocknen. Die Petersilie fein hacken und die Kartoffeln darin schwenken.

Zubereitungszeit: etwa 30 Minuten

Gefülltes Kabeljaufilet (2 Personen)

Zutaten

2 Kabeljaufilets (à 150 g)
1 EL Zitronensaft
4 Scheiben Schinkenspeck
1 grüne Paprikaschote
Salz, 1 EL Mehl
1 Ei, 2 EL Milch
2 EL Semmelbrösel
20 g Butter oder Margarine
1 Schachtel helle Soße,
1 Eigelb
je 1 EL gehackter Dill und Petersilie

Zubereitung
Die Kabeljaufilets unter kaltem Wasser abspülen, mit Küchenkrepp trockentupfen und mit Zitronensaft beträufeln.
Den Schinkenspeck in Streifen schneiden.
Die Paprikaschote putzen, waschen und ebenfalls in Streifen schneiden.
Die Filets salzen und jeweils eine Hälfte mit dem Schinkenspeck und den Paprikastreifen belegen und die andere Hälfte darüberklappen. Mit einem Zahnstocher feststecken.
Die Filets zunächst mit etwas Mehl bestäuben, dann in dem mit Milch verquirlten Ei wenden und in Semmelbröseln wälzen.
Die Filets im heißen Fett auf jeder Seite anbraten und dann bei geschlossenem Topf noch etwa 12 Minuten garen.
Die helle Soße nach Anweisung auf der Packung zubereiten und die Kräuter dazugeben.

Beilage: Petersilienkartoffeln

Zubereitungszeit: etwa 25 Minuten

Forelle in Alufolie (1 Person)

Zutaten

1 frische oder tiefgefrorene Forelle
1 Zitrone
Salz, Pfeffer
1 Kräutersträußchen
(Dill, Borretsch, Petersilie, Zitronenmelisse)
1 EL Butter
1 EL Öl

Zubereitung

Die Forelle schon beim Händler ausnehmen lassen.
Die tiefgefrorene Forelle nach Anweisung auf der Packung auftauen lassen.
Danach den Fisch gründlich waschen und trockentupfen. Das Innere des Fisches mit Zitronensaft beträufeln, salzen und pfeffern.
Den Kräuterstrauß mit ein paar Butterflöckchen ebenfalls in das Innere geben.
Ein großes Stück Alufolie abtrennen, so daß die Forelle darin gut eingepackt werden kann, und die Folie mit dem Öl bepinseln.
Die Forelle locker in die Folie verpacken, dabei die Folie gut verschließen, damit kein Saft auslaufen kann. Im vorgeheizten Ofen bei 225 Grad (Gas: Stufe 4) 20 bis 25 Minuten backen.
Die Forelle in der Folie im eigenen Saft servieren.

Beilage: Petersilienkartoffeln und grüner Salat

Zubereitungszeit: etwa 35 Minuten

Aal grün (2 Personen)

Zutaten

1 Aal von etwa 400 g
1 Möhre, 1 Stange Lauch
1 Stück Sellerieknolle
1 Petersilienwurzel
1 Zwiebel
½ Lorbeerblatt
1 Nelke, Salz
6 EL Weinessig
1 EL Stärkemehl
2 EL Milch
2 EL saure Sahne
1 EL Mayonnaise
1 Bund Dill
1 EL Zitronensaft

Zubereitung

Den Aal gründlich waschen, mit etwas Salz einreiben und wieder waschen. Wenn der Aal dick ist, sollte man ihn häuten und dann in Portionsstücke schneiden.

Das Gemüse putzen, waschen und mit der gehackten Zwiebel, den Gewürzen und dem Weinessig in ½ Liter Salzwasser zum Kochen bringen.

Etwa 10 Minuten kochen, dann die Aalstücke dazugeben und je nach Dicke in dem Sud 20 bis 40 Minuten ziehen lassen.

Den Fischsud durch ein Sieb gießen und ⅛ davon in einen Topf geben. Die Milch mit dem Stärkemehl anrühren und dazugeben. Die Soße einmal aufkochen lassen und die saure Sahne, dann die Mayonnaise dazurühren.

Den Dill fein hacken, dazugeben und die Soße mit Zitronensaft abschmecken, nicht mehr kochen lassen.

Den Aal in eine Schüssel legen und die Soße darübergießen.

Beilage: Salzkartoffeln

Zubereitungszeit: 50 bis 70 Minuten

Fischsteaks mit Mandeln (2 Personen)

Zutaten

500 g Rotbarschfilet
2 EL Zitronensaft
Salz, Pfeffer
1 Ei, 2 EL Milch
½ TL Paprikapulver
2 EL Mehl
1 Beutel Mandelblättchen (40 g)
3 EL Öl

Zubereitung

Das Filet unter kaltem Wasser abspülen und trockentupfen. Danach das Fleisch in Portionsstücke schneiden, mit dem Zitronensaft beträufeln und mit Salz und Pfeffer würzen. Das Ei mit der Milch und dem Paprikapulver verschlagen und in einen flachen Teller geben.

Die Fischfilets zunächst mit Mehl bestäuben, dann in der »Eimilch« wenden und in den Mandelblättchen wälzen, die ebenfalls auf einen Teller gegeben wurden.

Das Öl in einer Pfanne heiß werden lassen und den Fisch darin von jeder Seite etwa 6 Minuten backen.

Beilage: Kartoffelsalat

Zubereitungszeit: etwa 25 Minuten

Scholle in Cidre gedünstet (1 Person)

Zutaten

1 Scholle (à 250 g)
⅛ l Cidre
½ Lorbeerblatt
1 TL Salz
3 Pfefferkörner
50 g saure Sahne
½ Bund Dill
Salz, Cayennepfeffer

Zubereitung

Die Scholle ausnehmen und die Flossen und den Kopf abschneiden. Den Fisch unter fließendem, kaltem Wasser abspülen und mit Küchenkrepp abtrocknen.

Auf beiden Seiten der Mittelgräte die Scholle mehrmals einschneiden, damit der Sud besser eindringen kann.

Den Cidre mit ⅛ Liter Wasser, dem Lorbeerblatt, dem Salz und den Pfefferkörnern in einem Topf zum Kochen bringen.

Die Scholle hineinlegen, den Sud einmal aufkochen lassen und dann die Scholle bei geschlossenem Topf bei schwacher Hitze in etwa 10 Minuten garen.

Inzwischen den Dill waschen, ausschütteln, fein hacken, mit der Sahne verrühren und mit Salz und Cayennepfeffer würzen.

Den Fisch aus dem Sud heben, mit der Soße übergießen und servieren.

Beilage: Salzkartoffeln und grüner Salat

Zubereitungszeit: etwa 25 Minuten

Scholle in Speck gebraten (1 Person)

Zutaten

1 Scholle (etwa 250 g)
1 Zitrone
Pfeffer, Salz
1 EL Mehl
40 g dünne Scheiben Frühstücksspeck
1 EL Öl

Zubereitung
Von der Scholle den Kopf und die Flossen abschneiden. Den Fisch unter fließendem, kaltem Wasser gründlich waschen, mit Küchenkrepp abtrocknen.
Die Scholle innen und außen mit Zitronensaft beträufeln und mit Pfeffer und Salz würzen. Danach die Scholle im Mehl wenden.
Die Speckscheiben ein- oder zweimal durchschneiden und in einer Pfanne im heißen Öl knusprig braten. Den Speck aus der Pfanne nehmen.
Die Scholle in das Fett legen und von jeder Seite je nach Größe 5 bis 6 Minuten braten.

Beilage: Salzkartoffeln und ein grüner Salat

Zubereitungszeit: etwa 20 Minuten

Auf die gleiche Art können Sie Seezunge oder Steinbutt zubereiten.

Überbackenes Rotbarschfilet (2 Personen)

Zutaten

2 Rotbarschfilets (à 200 g)
Salz, Essig
1 große Fleischtomate
2 Frühlingszwiebeln
1 kleine Dose Champignons
3 EL Öl
2 eingelegte Peperoni
2 Anchovisfilets
75 g geriebener Emmentaler

Zubereitung
Den Fisch säuern, salzen und in eine flache Auflaufform legen.
Die Tomate waschen, in Scheiben schneiden und auf dem Fisch verteilen.
Die Frühlingszwiebeln in Ringe schneiden, die Champignons abtropfen lassen und beides im heißen Öl glasig dünsten.
Die feingeschnittenen Peperoni und Anchovisfilets untermischen.
Diese Mischung über den Fisch geben und mit dem geriebenen Käse bestreuen.
Den Fisch im Backofen bei 250 Grad (Gas: Stufe 5) etwa 15 Minuten backen.

Beilagen: grüner Salat und Salzkartoffeln

Zubereitungszeit: 30 Minuten

Gebratener Schellfisch (2 Personen)

Zutaten
4 Scheiben Schellfisch (à 200 g)
Saft von 1 Zitrone
2 TL Worcestersoße
Salz, 3 EL Mehl
25 g Butter
⅛ l Weißwein
3 EL süße Sahne
Salz, frisch gemahlener Pfeffer
½ Bund Petersilie
1 Zitrone

Zubereitung

Den Schellfisch unter kaltem Wasser abwaschen, trockentupfen und mit Zitronensaft und Worcestersoße beträufeln. Danach den Fisch salzen und in Mehl wenden.

Die Butter in einer Pfanne heiß werden lassen und den Fisch darin scharf anbraten.

Den Weißwein in die Pfanne gießen und den Fisch etwa 10 Minuten garen, herausnehmen und warm stellen.

Die Sahne in den Bratensud gießen und einkochen lassen. Die Soße mit Salz und Pfeffer abschmecken.

Die Petersilie waschen, trockenschütteln und fein hacken, in die Soße geben.

Den Fisch mit Zitronenspalten garnieren, die Soße getrennt dazu reichen.

Beilage: Salzkartoffeln mit Salat

Zubereitungszeit: etwa 25 Minuten

Gebackener Fisch in Kräutern (2 Personen)

(Farbtafel Seite 107)

Zutaten

500 g Kabeljau
1 Zitrone, Pfeffer, Salz, Paprikapulver
3 Tomaten, 2 EL Öl
1 Zwiebel, 1 Knoblauchzehe
½ Bund Petersilie
½ Bund Dill, 1 TL Kapern, 1 Msp. Rosmarin

Zubereitung

Den Backofen auf 225 Grad (Gas: Stufe 4) vorheizen und den Bratenrost auf die mittlere Schiene schieben.
Den Kabeljau unter kaltem Wasser abspülen, mit Küchenkrepp abtrocknen und in Portionsstücke schneiden. Die Zitrone auspressen und die Fischstücke mit dem Saft beträufeln.
Pfeffer, Salz und Paprikapulver mischen und die Fischstücke damit einreiben.
Danach die Fischstücke in eine Auflaufform nebeneinanderlegen.
Die Tomaten waschen, in dünne Scheiben schneiden und schuppenartig über dem Fisch verteilen.
Das Öl in einem kleinen Topf heiß werden lassen.
Die Zwiebel inzwischen schälen, fein hacken und dann im heißen Fett andünsten.
Die Knoblauchzehe pellen und mit der gewaschenen Petersilie und dem Dill fein hacken. Beides mit den Kapern und dem Rosmarin zu den Zwiebeln geben und 5 Minuten dünsten. Danach diese Mischung gleichmäßig über die Tomaten verteilen und alles im Ofen etwa 20 Minuten garen.

Beilage: körnig gekochter Reis

Zubereitungszeit: etwa 35 Minuten

Köstliches aus dem Backofen und vom Grill

Kartoffel-Gratin (1 Person)

Zutaten

250 g Kartoffeln
2 Zwiebeln
2 EL Öl
2 Eier
⅛ l süße Sahne
Salz, frisch gemahlener Pfeffer
geriebene Muskatnuß

Zubereitung

Die Kartoffeln schälen, waschen und in dünne Scheiben schneiden. Die Kartoffelscheiben in kochendem Wasser 5 Minuten blanchieren.

Inzwischen die Zwiebeln schälen, fein würfeln und in dem Öl andünsten.

Die abgetropften Kartoffeln in eine kleine Auflaufform schichten und mit Salz und Pfeffer würzen. Die Zwiebeln über die Kartoffeln geben.

Die Eier mit der Sahne verquirlen, mit Salz, Pfeffer und geriebener Muskatnuß würzen und die Masse über die Zwiebeln gießen.

Den Gratin im Backofen bei 220 Grad (Gas: Stufe 4) 30 Minuten backen.

Beilage: grüner Salat

Zubereitungszeit: etwa 45 Minuten

Überbackener Kohlrabi (2 Personen)

Zutaten

4 kleine Kohlrabi
Salz, 25 g Speck
1 kleine Zwiebel
100 g Rinderhack
125 g Champignons
15 g Butter oder Margarine
25 g Mehl
⅛ l saure Sahne
1 Eigelb
geriebene Muskatnuß
1 TL Zitronensaft
50 g geriebener Emmentaler
20 g Butter

Zubereitung

Die Kohlrabi schälen und die Deckelchen mit dem zarten Kraut abschneiden. Mit einem Teelöffel die Kohlrabi vorsichtig aushöhlen und in etwas Salzwasser mit den Deckeln etwa 15 Minuten leicht kochen lassen.
Inzwischen den Speck in Würfel schneiden und in einer Pfanne auslassen.
Die Zwiebel schälen, hacken und im Speckfett andünsten.
Die Champignons putzen, waschen, in Scheiben schneiden und mit dem Rinderhack zu den Zwiebeln geben und anbraten.
Das ausgehöhlte Kohlrabifleisch dazugeben und alles mit Salz würzen.
Die Masse in die Kohlrabi füllen und diese in eine gefettete Auflaufform setzen.
Die Butter oder Margarine in einem Topf heiß werden lassen, das Mehl darin anschwitzen, etwas Kohlrabiwasser dazugießen und aufkochen lassen.

Die Sahne mit dem Eigelb, etwas Muskat und dem Zitronensaft verquirlen und die Soße damit binden.
Die Soße über die Kohlrabi gießen, den Käse darüberstreuen und mit Butterflöckchen besetzen.
Die Kohlrabi im Backofen bei 200 Grad (Gas: Stufe 3) etwa 30 Minuten überbacken.

Zubereitungszeit: etwa 55 Minuten

Birnentoast (1 Person)

Zutaten

1 Scheibe Toastbrot
10 g Butter oder Margarine
2 Scheiben Frühstücksspeck
½ Kompottbirne
oder ½ reife Birne
1 Prise Zimt
1 Scheibe Schmelzkäse oder mittelalter Gouda

Zubereitung

Das Toastbrot leicht toasten und mit der Butter oder Margarine bestreichen.
Den Frühstücksspeck in einer Pfanne bei starker Hitze anbraten, abtropfen lassen und auf das Toastbrot legen.
Die Kompottbirne abtropfen lassen, die frische Birne schälen und auf das Toastbrot legen. Mit etwas Zimt würzen.
Den Käse auf die Birne legen und das Toastbrot im Grill oder im Backofen überbacken, bis der Käse anfängt zu schmelzen.

Zubereitungszeit: etwa 15 Minuten

Spargelauflauf (2 Personen)

Zutaten

125 g Reis

Salz

1 Dose Spargelabschnitte (Einwaage 430 g)

150 g Lachsschinken in Scheiben geschnitten

2 Eier

weißer Pfeffer

geriebene Muskatnuß

3 EL süße Sahne

2 EL Parmesankäse

Zubereitung

Den Reis in Salzwasser etwa 15 Minuten leicht kochen lassen, auf ein Sieb geben, mit kaltem Wasser abschrecken und abtropfen lassen.
Die Spargelabschnitte abtropfen lassen und dabei das Spargelwasser auffangen.
Den Lachsschinken in Streifen schneiden.
Die Eier mit der Sahne verquirlen und mit Pfeffer und Muskatnuß würzen. Etwas Spargelflüssigkeit dazugeben.
Den Reis mit den Spargelabschnitten und dem Schinken in einer Schüssel mischen und in eine gefettete Auflaufform füllen.
Die Eier-Sahnemischung darübergießen und mit dem Parmesankäse bestreuen.
Den Auflauf im vorgeheizten Backofen bei 225 Grad (Gas: Stufe 4) etwa 25 Minuten backen.

Zubereitungszeit: etwa 45 Minuten

Überbackener Brokkoli (2 Personen)

Zutaten

400 g Brokkoli
Salz
250 g Putenbrustfilet
1 EL Öl
100 g Crème fraîche
2 EL Milch
2 Eier
1 TL Stärkemehl
100 g geriebener mittelalter Gouda

Zubereitung

Den Brokkoli putzen, waschen und in Röschen zerteilen. Die Stiele in Streifen schneiden. Den Brokkoli in etwas Salzwasser 5 bis 7 Minuten garen.
Das Putenfleisch in Streifen schneiden und im heißen Öl ringsum anbraten, mit Salz würzen.
Den Brokkoli abtropfen lassen und abwechselnd mit dem Putenfleisch in einer gefetteten Auflaufform verteilen.
Die Crème fraîche mit der Milch, den Eiern und dem Stärkemehl verquirlen und über die Zutaten gießen.
Den geriebenen Käse darüberstreuen.
Den Auflauf im vorgeheizten Backofen bei 200 Grad (Gas: Stufe 3) etwa 20 Minuten überbacken.

Beilage: körnig gekochter Reis

Zubereitungszeit: etwa 45 Minuten

Gebackene Auberginenscheiben

(2 Personen)

Zutaten

1 Aubergine (etwa 300 g)
Salz, 1 Knoblauchzehe
2 kleine Zwiebeln
1 Bund Petersilie
2 Zweige Majoran
frisch gemahlener Pfeffer
3 EL Olivenöl
50 g geriebener Emmentaler
2 Fleischtomaten
4 EL Weißwein

Zubereitung

Von der Aubergine den Blüten- und Stengelansatz abschneiden.

Die Aubergine waschen, der Länge nach in 4 Scheiben schneiden, mit Salz bestreuen und 30 Minuten ziehen lassen.

Inzwischen den Knoblauch und die Zwiebeln pellen und fein würfeln.

Die Petersilie und den Majoran waschen, ausschütteln und fein hacken, unter die Zwiebel-Knoblauch-Mischung geben und mit Salz und Pfeffer würzen.

Die Auberginenscheiben mit Küchenkrepp trockentupfen. 2 Eßlöffel Olivenöl in einer Pfanne heiß werden lassen und die Auberginenscheiben darin anbraten. Danach die Scheiben in eine gefettete feuerfeste Form nebeneinanderlegen. Die Kräutermischung im Bratfett andünsten und auf den Auberginenscheiben verteilen, den Käse darüberstreuen. Die Tomaten waschen, in Scheiben schneiden und auf die Aubergine legen, mit dem restlichen Öl und dem Wein beträufeln.

Im vorgeheizten Backofen alles bei 200 Grad (Gas: Stufe 3) etwa 30 Minuten backen.

Zubereitungszeit: etwa 70 Minuten

Camemberttoast (1 Person)

Zutaten

1 Scheibe Graubrot
1 EL Mayonnaise
1 Msp. Senf
1 kleiner Apfel
1 Ecke Camembert
2 EL Wildpreiselbeeren

Zubereitung

Die Mayonnaise mit dem Senf verrühren und auf das Brot streichen.
Den Apfel schälen, das Kerngehäuse mit einem Apfelausstecher entfernen und den Apfel in Scheiben schneiden.
Die Apfelscheiben auf dem Brot verteilen.
Den Camembert in Scheiben schneiden und schuppenartig auf die Apfelscheiben legen.
Das Brot im Backofen oder im Grill überbacken, bis der Käse zerläuft.
Die Preiselbeeren in einem kleinen Schälchen oder in einem gewaschenen Salatblatt zum Brot auf den Teller geben.

Zubereitungszeit: etwa 15 Minuten

Gebackene Champignons (2 Personen)

Zutaten

4–6 große Champignons
Salz
1 Bund Petersilie
3–4 EL Butter
Pfeffer
1 kleine Zwiebel
2 dünne Scheiben gekochter Schinken

Zubereitung

Die Champignons waschen, putzen und die Stiele herausbrechen. Die Champignons innen mit etwas Salz bestreuen.
Die Petersilie waschen, ausschütteln und mit den Champignonstielen fein hacken. Beides mit der Butter in eine Schüssel geben.
Die Zwiebel schälen und fein hacken. Den Schinken in ganz kleine Würfel schneiden und zu den Champignonstielen geben.
Alles gut miteinander mischen und mit Salz und Pfeffer würzen.
Die Füllung in die Champignonköpfe geben und die Champignons in eine gefettete Auflaufform oder in einen gefetteten, großen, feuerfesten Teller setzen.
Im Backofen bei 200 Grad (Gas: Stufe 4) etwa 20 Minuten backen.

Beilage: französisches Weißbrot mit Butter

Zubereitungszeit: etwa 30 Minuten

Orangen-Fleisch-Toast (1 Person)

Zutaten

1 kleine Orange
1 Scheibe Toastbrot
etwas Butter
1 TL scharfer Senf
1 TL Mayonnaise
1 dünne Scheibe Kalbsbraten
1 Scheibe roher Schinken
1 EL Tomatenpaprika aus dem Glas
50 g geriebener mittelalter Gouda

Zubereitung

Die Orange sorgfältig schälen und in Scheiben schneiden.
Das Toastbrot toasten und mit Butter bestreichen.
Den Senf mit der Mayonnaise verrühren und ebenfalls auf das Brot streichen.
Den Kalbsbraten und den Schinken auf das Brot legen. Die Orangenscheiben und dann die Paprikastreifen darauf schichten und alles mit dem geriebenen Käse bestreuen.
Das Toastbrot im vorgeheizten Backofen bei 225 Grad (Gas: Stufe 4) etwa 15 Minuten überbacken.

Zubereitungszeit: etwa 25 Minuten

Bananentoast (1 Person)

Zutaten

1 Scheibe Toastbrot
10 g Butter
1 Banane
Saft von ½ Zitrone
1 etwas dickere Scheibe roher Schinken
1–2 Scheiben Raclettekäse je nach Größe

Zubereitung

Das Toastbrot toasten und mit der Butter bestreichen.
Die Banane schälen, in Scheiben schneiden und auf dem Toast verteilen, mit Zitronensaft beträufeln.
Den Schinken in Würfel schneiden und über die Bananenscheiben streuen. Den Käse darüberlegen, so daß alles bedeckt ist.
Den Toast im vorgeheizten Backofen bei 200 Grad (Gas: Stufe 3) 10 bis 15 Minuten überbacken.

Zubereitungszeit: etwa 20 Minuten

Salamitoast (1 Person)

Zutaten

1 Scheibe Graubrot
etwas Butter oder Margarine
4 dünne Scheiben Salami
1 kleine grüne Paprikaschote
Salz, Pfeffer
Knoblauchpulver
50 g geriebener Emmentaler Käse

Zubereitung

Das Graubrot mit der Butter oder Margarine bestreichen und mit den Salamischeiben belegen.
Die Paprikaschote waschen, putzen und in dünne Ringe schneiden. Die Paprikaringe auf dem Brot verteilen und mit Salz, Pfeffer und Knoblauchpulver würzen.
Den Käse über die Paprikaringe streuen und den Toast im vorgeheizten Ofen bei 225 Grad (Gas: Stufe 4) etwa 15 Minuten überbacken.

Zubereitungszeit: 20 Minuten

Variation:
Geben Sie auf die Paprikaringe blättrig geschnittene Champignons aus der Dose (Einwaage 115 g) und streuen Sie dann den Käse darüber.

Kartoffel-Lauch-Auflauf (2 Personen)

Zutaten

250 g Kartoffeln
¼ l Fleischbrühe (Instant)
1 TL Butter, 250 g Lauch
50 g roher Schinken
1 Ei, ⅛ l Milch
Pfeffer, Salz, geriebene Muskatnuß
50 g geriebener Emmentaler

Zubereitung

Die Kartoffeln schälen, waschen und in dünne Scheiben schneiden.
Die Fleischbrühe zum Kochen bringen, die Kartoffelscheiben hineingeben und etwa 5 Minuten kochen lassen. Inzwischen eine Auflaufform mit der Butter einfetten.
Die Kartoffeln mit einer Schaumkelle aus der Brühe heben und in die Auflaufform schichten.
Den Lauch putzen, unter fließendem Wasser gründlich waschen und in Stücke schneiden.
Die Lauchstücke in die Brühe geben und ebenfalls etwa 5 Minuten leicht kochen lassen.
Den Schinken in Würfel schneiden und auf den Kartoffeln verteilen.
Den Lauch aus der Brühe heben, abtropfen lassen und auf den Schinken geben.
Das Ei mit der Milch verquirlen und kräftig mit Pfeffer, Salz und Muskatnuß würzen. Die Masse über das Gemüse gießen und den Käse darüberstreuen.
Den Auflauf im Backofen etwa 15 Minuten bei 220 Grad (Gas: Stufe 4) überbacken.

Zubereitungszeit: etwa 35 Minuten

Käseauflauf (2 Personen)

Zutaten

40 g Butter oder Margarine
40 g Mehl
¼ l Milch
250 g Schmelzkäse
4 Eier, Salz
frisch gemahlener Pfeffer
geriebene Muskatnuß

Zubereitung

Die Butter oder Margarine in einem Topf schmelzen lassen, das Mehl dazugeben und glattrühren. Die Milch hineingießen und alles unter ständigem Rühren aufkochen lassen.
Den Schmelzkäse in kleinen Stücken in die kochende Soße geben. Wenn er geschmolzen ist, den Topf vom Feuer nehmen.
Das Eigelb vom Eiweiß trennen und unter die Käsesoße rühren, mit Salz, Pfeffer und Muskat abschmecken.
Das Eiweiß zu steifem Schnee schlagen und unter die Masse heben.
Eine feuerfeste Form einfetten, die Masse einfüllen und im vorgeheizten Backofen bei 150 Grad (Gas: Stufe 2) etwa 1 Stunde backen.
Heiß servieren.

Beilage: Tomatensalat oder grüner Salat

Zubereitungszeit: etwa 75 Minuten

Spaghetti-Allerlei (2 Personen)

(Farbtafel Seite 125)

Zutaten

1 EL Butter oder Margarine
50 g durchwachsener Speck
1 Knoblauchzehe
½ TL Salz
1 kleine Zwiebel
100 g Corned beef
½ kleine Dose Mais (Einwaage 285 g)
½ kleines Glas Mixed Pickles
2 EL Tomatenmark aus der Tube
⅛ l Rotwein
½ Becher Crème fraîche
1 TL Basilikum
½ TL Oregano
Salz, frisch gemahlener Pfeffer
½ Bund Petersilie
200 g gekochte Spaghetti
½ Becher Joghurt
50 g geriebener Käse
1 Ei

Zubereitung

Die Butter oder Margarine in einem Topf zergehen lassen und den kleingewürfelten Speck darin anbraten.
Die Knoblauchzehe im Salz zerreiben, die Zwiebel schälen und fein hacken. Beides zu dem Speck geben und kurz mitbraten.
Das Corned beef, den abgetropften Mais und die abgetropften und kleingeschnittenen Mixed Pickles dazugeben und kurz mitdünsten.
Das Tomatenmark unterrühren, alles mit Rotwein ablöschen und mit Crème fraîche verrühren.

Die Mischung mit dem Basilikum und dem Oregano würzen und mit Salz und frisch gemahlenem Pfeffer abschmecken.
Die Petersilie waschen, ausschütteln, fein hacken und ebenfalls dazugeben.
Eine feuerfeste Form ausfetten, die vorgekochten Spaghetti einschichten und die Soße darübergießen.
Den Joghurt mit dem geriebenen Käse und dem verquirlten Ei verrühren und über das Ganze verteilen.
Den Auflauf im auf 200 Grad (Gas: Stufe 3) vorgeheizten Backofen etwa 15 Minuten backen.

Beilage: Grüner Salat

Zubereitungszeit: etwa 40 Minuten

Variation:
Sie können statt des Corned beef auch rohen oder gekochten Schinken nehmen oder auch – falls vorhanden – Fleischreste.
Sehr gut schmeckt es auch, wenn Sie über den Auflauf noch 50 g geriebenen Emmentaler streuen.
Den Restinhalt der Dose mit Mais können Sie für »Deftigen Maissalat« (siehe Seite 48) verwenden.
Die restlichen Mixed Pickles können Sie weiterverwenden als Garnitur für belegte Brote, den Joghurt können Sie zum Frühstück mit Müsli oder Obst essen.
Crème fraîche hält sich auch angebrochen einige Tage im Kühlschrank, wenn sie gut verschlossen aufbewahrt wird. Sie können damit Soßen verfeinern, natürlich auch Salatsoßen (siehe Feldsalat in Sauerrahm).

Überbackene Nudeln (1 Person)

Zutaten

150 g grüne Bandnudeln
Salz, 1 EL Öl, 50 g gekochter Schinken
1 TL Kapern, ¼ Salatgurke
10 g Butter oder Margarine
Salz, Paprikapulver
1 EL Essig, 1 große Tomate
30 g geriebener Käse, 10 g Butter

Zubereitung

Die Nudeln in reichlich Salzwasser in etwa 10 Minuten kochen, so daß sie noch bißfest sind, dann auf ein Sieb geben, mit kaltem Wasser abschrecken und abtropfen lassen.
Die Hälfte der Nudeln in eine mit dem Öl gefettete Auflaufform geben.
Den Schinken in kleine Würfel oder Streifen schneiden und mit den Kapern über die Nudeln geben. Die Salatgurke schälen, halbieren und mit einem Teelöffel die Kerne herausschaben. Das Fruchtfleisch in Stücke schneiden.
Die Butter oder Margarine im Topf heiß werden lassen und die Gurkenscheiben darin andünsten, mit Salz, Pfeffer und Essig würzen und ca. 5 Minuten schmoren lassen. Danach die Gurken auf dem Auflauf verteilen, die restlichen Nudeln darüberdecken.
Die Tomate waschen, in Scheiben schneiden und auf die Nudeln legen. Den Auflauf mit Käse bestreuen und die Butter in Flöckchen daraufsetzen.
Den Auflauf im vorgeheizten Backofen bei 200 Grad (Gas: Stufe 4) etwa 30 Minuten backen.

Zubereitungszeit: etwa 55 Minuten

Farbtafel VII: Spaghetti Allerlei *(Rezept Seite 122)*

Überbackene Tortellini (2 Personen)

Zutaten

250 g Tortellini mit Fleischfüllung (fertig gekauft)
15 g Butter oder Margarine
15 g Mehl
⅛ l Weißwein, ⅛ l Wasser
50 g geriebener Emmentaler
Salz, frisch gemahlener Pfeffer
50 g Crème fraîche

Zubereitung

Die Tortellini in reichlich Salzwasser gar kochen, auf ein Sieb geben und abtropfen lassen.
Die Butter oder Margarine in einem Topf heiß werden lassen und das Mehl darin anschwitzen.
Den Weißwein und das Wasser nach und nach dazurühren und einmal aufkochen lassen.
Den geriebenen Käse dazugeben und die Soße mit Salz und frisch gemahlenem Pfeffer abschmecken.
Die Tortellini in eine gefettete Auflaufform geben und die Soße darübergießen.
Die Crème fraîche glattrühren und über die Zutaten streichen.
Die Tortellini im vorgeheizten Backofen bei 200 Grad (Gas: Stufe 3) etwa 15 Minuten überbacken.

Beilage: Grüner Salat

Zubereitungszeit: etwa 30 Minuten

Variation:

Braten Sie im Fett zunächst 100 g frische, blättrig geschnittene Champignons an, stäuben dann das Mehl darüber und arbeiten weiter wie oben.

Pizza

Eine Pizza ist schnell zubereitet und bietet Ihnen die Möglichkeit, Fleisch-, Wurst- oder Kasereste sinnvoll zu verwerten. Sie brauchen für eine Pizza, die für 2 Personen reicht, die Hälfte des Teiges vom folgenden Rezept. Die andere Hälfte des Teiges können Sie gut einfrieren. Die Hälfte, die eingefroren werden soll, müssen Sie abtrennen, bevor der Teig zum Gehen warm gestellt wird. Auch fertige Pizzen lassen sich sehr gut einfrieren.

Pizzateig

Zutaten

(für 2 Pizza- oder Springformen)

300 g Mehl

½ Würfel Hefe, 1 TL Zucker

5 EL lauwarme Milch

1 TL Salz

⅛ l lauwarmes Wasser, 6 EL Olivenöl

Zubereitung

Das Mehl in eine Schüssel geben und in die Mitte eine Vertiefung drücken.

Das Salz über das Mehl streuen und die Hefe in die Vertiefung krümeln. Den Zucker über das Mehl streuen und die lauwarme Milch dazugießen.

Die Schüssel zugedeckt für 15 Minuten an einen warmen Ort stellen, damit die Hefe aufgehen kann.

Danach das lauwarme Wasser und das Öl zu dem Vorteig geben und alles zu einem glatten Teig verkneten.

Den Teig, der gleich verwendet werden soll, nochmals 30 Minuten gehen lassen.

Zubereitungszeit: insgesamt etwa 60 Minuten

Pizza Italiana (2 Personen)

Zutaten

1 Portion Pizzateig

Für den Belag:

2 EL Öl

8–10 Scheiben Salami

50 g Mozzarella

4–5 Tomaten

12 schwarze Oliven

Salz, frisch gemahlener Pfeffer

1 TL Knoblauchpulver

1 TL Oregano

5 eingelegte Sardellen

1 TL Kapern

Zubereitung

Den Pizzateig zubereiten wie beschrieben und diesen in eine gefettete Spring- oder Pizzaform geben.

Den Teig mit dem Öl bestreichen und die Salamischeiben darauf verteilen.

Den Mozzarella in Scheiben schneiden und zwischen die Salamischeiben legen.

Die Tomaten mit kochendem Wasser überbrühen, die Haut abziehen, in Scheiben schneiden und ebenfalls auf der Pizza verteilen, die Oliven dazwischensetzen.

Die Pizza mit Salz, Pfeffer, dem Knoblauchpulver und dem Oregano bestreuen, mit den Sardellen und Kapern garnieren und im vorgeheizten Backofen bei 220 Grad (Gas: Stufe 4) etwa 30 Minuten backen.

Zubereitungszeit (ohne Teig): etwa 45 Minuten

Schinkenpizza (2 Personen)

Zutaten
1 Portion Pizzateig
Für den Belag:
300 g Tomaten
3 Scheiben Schinken
1 kleine Dose Champignons (Einwaage 115 g)
Salz, frisch gemahlener Pfeffer
Oregano
1 EL gehackte Petersilie
50 g geriebener Schweizer Käse
10 mit Paprika gefüllte Oliven

Zubereitung

Den Pizzateig zubereiten wie beschrieben und diesen in eine gefettete Spring- oder Pizzaform geben.

Die Tomaten waschen und in Scheiben, den Schinken in Streifen schneiden.

Die Champignons aus der Dose abtropfen lassen und halbieren.

Die Tomaten, die Schinkenstreifen und die Champignons auf dem Teigboden verteilen und kräftig mit Salz, Pfeffer und Oregano würzen.

Die Petersilie und den geriebenen Käse auf die Pizza streuen.

Die Pizza mit den Oliven garnieren und im vorgeheizten Backofen bei 220 Grad (Gas: Stufe 4) etwa 30 Minuten backen.

Zubereitungszeit (ohne Teig): etwa 45 Minuten

Pizza mit Meeresfrüchten (2 Personen)

Zutaten

1 Portion Pizzateig

Für den Belag:

2 EL Olivenöl

8 Scheiben Salami

300 g Tomaten

1 Dose Muscheln naturell (80 g Einwaage)

1 Dose Garnelen (etwa 100 g)

15 grüne Oliven

frisch gemahlener Pfeffer

Salz, ½ TL Thymian

½ TL Oregano

50 g geriebener Emmentaler

Zubereitung

Den Pizzateig zubereiten wie beschrieben und in eine gefettete Spring- oder Pizzaform geben.

Den Teigboden mit dem Olivenöl bestreichen und mit der Salami belegen.

Die Tomaten mit kochendem Wasser überbrühen, pellen, in Scheiben schneiden und ebenfalls auf dem Teigboden verteilen.

Die Muscheln, die Garnelen und die Oliven darauf anrichten und mit Pfeffer, Salz, dem Thymian und dem Oregano würzen. Zum Schluß den Käse über alles streuen und die Pizza im vorgeheizten Backofen bei 220 Grad (Gas: Stufe 4) etwa 30 Minuten backen.

Zubereitungszeit (ohne Teig): etwa 45 Minuten

Pizza mit Räucherfisch (2 Personen)

Zutaten

1 Portion Pizzateig

Für den Belag:

4 EL Olivenöl

1 Räucherfisch (Bückling, Makrele oder Flunder)

5 Eier, Salz

frisch gemahlener Pfeffer

2 EL feingehackter Schnittlauch

100 g geriebener Emmentaler

15 mit Paprika gefüllte Oliven

Zubereitung

Den Pizzateig zubereiten wie beschrieben und in eine gefettete Pizza- oder Springform geben.
Die Teigplatte mit 2 Eßlöffeln Öl bestreichen.
Den Fisch häuten, entgräten und das Fischfleisch zerpflücken. Die Stücke gleichmäßig auf dem Teigboden verteilen. Die Eier mit dem restlichen Öl, mit Salz, Pfeffer und dem Schnittlauch verquirlen und über den Fisch gießen.
Den Käse über alles streuen und die Oliven darauf verteilen.
Im vorgeheizten Backofen die Pizza bei 220 Grad (Gas: Stufe 4) etwa 30 Minuten backen.

Zubereitungszeit: etwa 45 Minuten

Schnelles aus der Pfanne

Schweineragout mit Champignons
(1 Person)

Zutaten

1 Schweineschnitzel
1 EL Öl
1 kleine Zwiebel
150 g frische Champignons
Salz, Pfeffer, 1 TL Thymian
30 g Allgäuer Emmentaler
3 EL süße Sahne

Zubereitung
Das Schnitzel in Streifen schneiden.
Die Champignons putzen, waschen und in Scheiben schneiden.
Das Öl in einer Pfanne heiß werden lassen und das Fleisch darin von allen Seiten kräftig anbraten.
Inzwischen die Zwiebel schälen und fein hacken. Die Zwiebel und die Champignons zum Fleisch geben, mit Salz, Pfeffer und Thymian würzen, bei geschlossenem Topf etwa 5 Minuten dünsten.
Inzwischen den Käse in Würfel schneiden und dann zu den übrigen Zutaten geben, unter mehrmaligem Wenden schmelzen lassen.
Zum Schluß die Sahne unterrühren und etwas einkochen lassen.

Beilage: Spätzle

Zubereitungszeit: etwa 25 Minuten

Tortilla mit Schinken (1 Person)

Zutaten

1 kleine rote Paprikaschote
1 kleine Stange Lauch
1 Zwiebel
1 Scheibe gekochter Schinken
1 EL Öl
2 Eier
1 EL süße Sahne
Salz, Paprikapulver
Pfeffer

Zubereitung

Die Paprikaschote halbieren, putzen, waschen und in dünne Streifen schneiden.
Vom Lauch die harten, grünen Blätter abschneiden, den Lauch halbieren und unter fließendem Wasser gründlich waschen, danach ebenfalls in Streifen schneiden. Die Zwiebel schälen und hacken, den Schinken in Streifen schneiden.
Das Öl in einer Pfanne heiß werden lassen, das Gemüse dazugeben und bei geschlossener Pfanne etwa 3 Minuten dünsten, danach den Schinken dazugeben.
Die Eier mit der Sahne verquirlen und kräftig mit Salz, Paprikapulver und Pfeffer würzen.
Die verrührten Eier über das Gemüse gießen, mit dem Pfannenwender leicht unterheben und in etwa 3 Minuten stocken lassen, dabei die Pfanne wieder schließen.

Beilage: Baguette oder ein kräftiges Graubrot

Zubereitungszeit: etwa 15 Minuten

Fischerpfanne (1 Person)

Zutaten

200 g gekochte Kartoffeln
1 Zwiebel
20 g Margarine
100 g geräucherter Fisch
(Makrele, Schellfisch oder Rotbarsch)
1 kleine Dose Champignons
(Einwaage 115 g)
Salz, Pfeffer
1 Gewürzgurke
1 EL gehackter Schnittlauch

Zubereitung
Die gekochten Kartoffeln (am besten eignen sich Pellkartoffeln, aber man kann auch andere Kartoffelreste nehmen) in Würfel schneiden.
Die Zwiebel schälen und hacken.
Die Margarine in einer Pfanne heiß werden lassen und die Kartoffeln mit der Zwiebel darin unter mehrmaligem Wenden etwa 5 Minuten braten.
Den geräucherten Fisch inzwischen entgräten und in kleine Stücke schneiden.
Die Champignons abtropfen lassen und halbieren.
Beides in die Pfanne geben und einige Minuten mitbraten, mit Salz und Pfeffer würzen.
Die Fischerpfanne mit der blättrig geschnittenen Gewürzgurke garnieren und den Schnittlauch darüberstreuen.

Zubereitungszeit: etwa 10 Minuten

Reispfanne (2 Personen)

Zutaten

100 g Reis
Salz
150 g gekochter Schinken
1 kleine Zwiebel
1 Knoblauchzehe
1 Stange Lauch
1 kleine rote Paprikaschote
1 kleine Chilischote
3 EL Öl
1 EL Sojasoße
frisch gemahlener Pfeffer
½ Bund Petersilie

Zubereitung

Den Reis in etwas Salzwasser in etwa 15 Minuten gar kochen.
Den Schinken in Streifen schneiden.
Die Zwiebel und die Knoblauchzehe schälen und fein hacken.
Den Lauch putzen, gründlich waschen und in Ringe schneiden.
Die Paprikaschote und die Chilischote halbieren, die Kerne entfernen und in Streifen schneiden.
Das Öl in eine Pfanne geben, heiß werden lassen und die Zutaten darin kurz anbraten, so daß alles noch knackig ist. Das Gemüse herausheben, den Reis im Fett ebenfalls anbraten und das Gemüse vorsichtig unterheben, mit Salz, Sojasoße und Pfeffer abschmecken.
Die Pfanne vom Feuer nehmen, zudecken und den Inhalt einige Minuten durchziehen lassen.
Die Petersilie waschen, hacken und vor dem Servieren über die Reispfanne streuen.

Zubereitungszeit: etwa 30 Minuten

Schweinefilet mit Kartoffeln (2 Personen)

Zutaten

500 g kleine Kartoffeln
Salz, 4 Zweige Majoran
50 g durchwachsener Speck
250 g Schweinefilet
1 EL Öl
frisch gemahlener Pfeffer

Zubereitung

Die Kartoffeln gut waschen und mit der Schale in Salzwasser etwa 15 Minuten kochen. Danach etwas abkühlen lassen, pellen und in Viertel schneiden.
Den Majoran waschen, ausschütteln und die Blätter abzupfen.
Den Speck würfeln, das Schweinefilet in dünne Scheiben schneiden.
Den Speck im Öl bei kleiner Hitze ausbraten und die Grieben herausnehmen. Das Fleisch von beiden Seiten im Speckfett anbraten, dann die Kartoffeln und den Majoran dazugeben. Alles unter mehrmaligem Wenden etwa 7 Minuten braten lassen.
Die Speckwürfel wieder dazugeben und das Gericht mit Salz und Pfeffer abschmecken.

Zubereitungszeit: etwa 40 Minuten

Paprikapfanne (2 Personen)

Zutaten

1 Paprikaschote

1 kleine Dose eingelegter Thunfisch (Einwaage 180 g)

2 Tomaten

1 EL Öl

4 Eier

1 EL süße Sahne

Salz, frisch gemahlener Pfeffer

1 EL gehackte Petersilie

Zubereitung

Die Paprikaschote halbieren, putzen, waschen und in Streifen schneiden.

Den Thunfisch abtropfen lassen und in Stücke zerteilen.

Die Tomaten mit kochendem Wasser überbrühen, pellen und in Achtel schneiden.

Das Öl in einer Pfanne erhitzen und die Paprikastreifen darin andünsten. Die Thunfischstücke und die Tomatenachtel dazugeben und bei kleinster Hitze etwa 5 Minuten dünsten.

Inzwischen die Eier mit der Sahne verquirlen und mit Salz und Pfeffer kräftig würzen, die Petersilie dazugeben.

Die Eier über das Gemüse gießen und stocken lassen.

Beilage: ein kräftiges Graubrot

Zubereitungszeit: etwa 20 Minuten

Rheinische Schnippelkartoffeln (1 Person)

Zutaten

1 TL Mehl
2 EL Milch
2 kleine Eier
250 g Kartoffeln
1 EL Öl
50 g Schinkenspeck in Scheiben
½ Bund Schnittlauch
Salz, Pfeffer

Zubereitung

Das Mehl mit der Milch in einer Schüssel verrühren. Die Eier dazuschlagen und mit einer Gabel leicht schaumig rühren.
Die Kartoffeln schälen, waschen und in dünne Scheiben oder Streifen schneiden.
Das Öl in eine Pfanne geben und heiß werden lassen. Die Schinkenspeckscheiben darin kroß anbraten, herausnehmen und warm stellen.
Die Kartoffelscheiben in das Bratfett geben, etwa 5 Minuten braten und dabei wenden.
Danach die verrührten Eier darübergießen. Die Pfanne zudekken und die Schnippelkartoffeln noch 3 bis 5 Minuten braten.
Den Schnittlauch in Röllchen schneiden und vor dem Servieren über die Kartoffeln streuen. Die Schinkenspeckscheiben dazulegen.

Beilage: Grüner Salat

Zubereitungszeit: etwa 15 Minuten

China-Pfanne (2 Personen)

Zutaten

250 g mageres Schweinefleisch
Chinagewürz, Paprikapulver
1 kleine rote Paprikaschote
1 Möhre
1 kleine Stange Lauch
80 g Bambussprossen aus der Dose
2 EL Öl, Salz, 4 EL Sherry
6 EL Sojasoße

Zubereitung

Das Schweinefleisch in Streifen schneiden und mit Chinagewürz und Paprikapulver würzen.
Das Gemüse putzen, waschen und in feine Streifen schneiden.
Die Bambussprossen abropfen lassen.
Das Öl in einer Pfanne erhitzen und das Fleisch darin von allen Seiten kroß anbraten, mit Salz würzen.
Das Gemüse etwa 10 Minuten mitbraten, danach die Bambussprossen dazugeben und heiß werden lassen.
Zum Schluß das Gericht mit Sherry und Sojasoße pikant abschmecken.

Beilage: Reis

Zubereitungszeit: etwa 20 Minuten

Wenn Sie das Gericht einfrieren wollen, frieren Sie es ohne Bambussprossen ein. Sie schmecken knackiger, wenn sie erst zum Schluß dazugegeben werden.

Spinat-Tomaten-Pfanne (2 Personen)

Zutaten

300 g tiefgekühlter Blattspinat
1 große Zwiebel
1 Knoblauchzehe
2 EL Öl
2 Tomaten
2 Eier
2 EL Joghurt
Muskat, Salz, Pfeffer
2 EL geriebener Emmentaler

Zubereitung

Den Spinat nach Vorschrift auftauen lassen.
Die Zwiebel und die Knoblauchzehe schälen und fein hacken. Beides im heißen Öl anbraten und den Spinat dazugeben, etwa 5 Minuten andünsten lassen.
Inzwischen die Tomaten mit kochendem Wasser überbrühen, die Haut abziehen und die Tomaten in Scheiben schneiden. Die Tomatenscheiben zum Spinat geben und noch 5 Minuten leicht schmoren lassen.
Die Eier mit dem Joghurt verquirlen und mit Muskat, Salz und Pfeffer kräftig würzen.
Die Eiermischung über das Gemüse gießen, den Käse darüberstreuen und die Eier zugedeckt stocken lassen.

Beilage: Graubrot

Zubereitungszeit (ohne Auftauen): etwa 20 Minuten

Omelett mit Champignonfüllung (1 Person)

(Farbtafel Seite 143)

Zutaten

2–3 Eier

1–2 EL Wasser, 1 Msp. Salz

frisch gemahlener Pfeffer, 1 EL Öl

Für die Füllung:

1 kleine Dose Champignons (Einwaage 115 g)

oder 100 g frische Champignons

1 kleine Zwiebel

10 g Butter

2 EL süße Sahne

1 EL feingehackte Petersilie

Salz, frisch gemahlener Pfeffer

Thymian

Zubereitung

Die Eier mit dem Wasser in eine Rührschüssel geben, mit Salz und Pfeffer würzen und mit einem Schneebesen schaumig schlagen.

Das Öl in eine Pfanne geben und bei mittlerer Wärmestufe heiß werden lassen. Die verquirlten Eier hineingeben und die Eimasse bei kleinster Hitze in 5 bis 8 Minuten stocken lassen.

Inzwischen die Champignons abtropfen lassen, frische Champignons putzen und waschen, danach blättrig schneiden.

Die Zwiebel schälen, fein hacken und in der Butter anbraten. Die Champignons, die Sahne und die Petersilie dazugeben und mit Salz, Pfeffer und Thymian abschmecken.

Die Flüssigkeit etwas einkochen lassen.

Das Omelett auf einen Teller geben, die Champignons auf eine Hälfte füllen und die andere darüberklappen.

Zubereitungszeit: etwa 25 Minuten

Pfannkuchen mit Käsefüllung (1 Person)

Zutaten

1 Ei

2 EL Mehl

1 Prise Salz

½ Tasse Mineralwasser

Für die Füllung:

3 EL Hüttenkäse

2 EL Crème fraîche

Salz, weißer Pfeffer

½ Bund Dill

2 EL Öl

Zubereitung

Das Ei mit dem Mehl, dem Salz und dem Mineralwasser zu einem glatten Teig verrühren und 15 Minuten kühl stellen.

Inzwischen den Hüttenkäse mit der Crème fraîche verrühren und mit Salz und Pfeffer würzen.

Den Dill waschen, ausschütteln, kleinschneiden und unter den Käse rühren.

1 Eßlöffel Öl in einer Pfanne heiß werden lassen und die Hälfte des Pfannkuchenteigs darin von jeder Seite etwa 2 Minuten braten.

Danach den Pfannkuchen warm stellen und den zweiten im restlichen Öl genauso backen.

Die Pfannkuchen mit dem Käse füllen und sofort servieren.

Beilage: Grüner Salat oder Tomatensalat

Zubereitungszeit: etwa 30 Minuten

Piperade (2 Personen)

Zutaten

2 grüne Paprikaschoten
2 Tomaten
1 Zwiebel
1 Knoblauchzehe
100 g roher Schinken
1 EL Öl
Salz, Pfeffer
3 Eier
2 EL Milch

Zubereitung

Die Paprikaschoten halbieren, putzen, waschen und in Streifen schneiden.
Die Tomaten waschen und in Achtel schneiden, die Zwiebel und die Knoblauchzehe schälen und fein hacken.
Den Schinken in kleine Würfel schneiden.
Das Öl in einer Pfanne erhitzen und das Gemüse darin anbraten.
Den Schinken dazugeben und alles mit Salz und Pfeffer würzen.
Die Eier mit der Milch verquirlen, über das Gemüse gießen und stocken lassen.

Beilage: Baguette oder Reis

Zubereitungszeit: etwa 20 Minuten

Variation:
Wer es gerne scharf mag, kann ein paar kleine Stückchen Peperoni dazugeben.

Spiegeleier auf Erbsen (1 Person)

Zutaten

250 g frische Erbsen
100 g Fleischwurst
1 EL Öl
1 kleine Zwiebel
2 EL Sherry
Salz, Pfeffer
Paprikapulver
1 Bund Petersilie
2 Eier

Zubereitung

Die Erbsen von der Schote befreien, waschen und auf einem Sieb abtropfen lassen.
Die Fleischwurst häuten, in Scheiben schneiden und im heißen Öl anbraten.
Die Zwiebel schälen, in feine Ringe schneiden und mit der Wurst goldgelb dünsten. Die Erbsen ebenfalls dazugeben.
Den Sherry dazugießen, alles mit Salz, Pfeffer und Paprikapulver würzen und bei geschlossener Pfanne 10 Minuten schmoren, eventuell ein wenig Wasser dazugießen.
Inzwischen die Petersilie waschen, ausschütteln und fein hacken.
Das Gemüse mit Petersilie bestreuen, die Eier in die Pfanne schlagen und stocken lassen.
Die Eier nach Geschmack salzen und mit etwas Paprikapulver bestreuen.

Beilage: Weißbrot

Zubereitungszeit: etwa 25 Minuten

Omelett mit Frühlingszwiebeln (1 Person)

Zutaten

2 Eier
Salz
2 EL süße Sahne
weißer Pfeffer
1 Bund Basilikum
1 EL Butter oder Margarine
4 Frühlingszwiebeln
2 EL trockener Weißwein
2 EL Crème fraîche

Zubereitung

Das Eiweiß vom Eigelb trennen und mit einer Prise Salz sehr steif schlagen.
Das Eigelb mit der Sahne, etwas Pfeffer und der Hälfte des gehackten Basilikums verrühren. Den Eischnee unterheben.
Die Butter oder Margarine in einer Pfanne zergehen lassen, die Eimasse hineingeben und auf die Pfanne einen Deckel legen.
Inzwischen die Frühlingszwiebeln putzen, in Ringe schneiden und im Wein dünsten. Die Crème fraîche und das restliche Basilikum dazugeben und mit Salz und Pfeffer würzen.
Diese Füllung auf eine Hälfte des Omeletts geben. Das Omelett aus der Pfanne auf einen vorgewärmten Teller gleiten lassen und zusammenklappen.

Zubereitungszeit: etwa 15 Minuten

Hoppel-Poppel (1 Person)

Zutaten

3–4 Pellkartoffeln
1 Zwiebel
1 EL Öl
10 g Margarine
100 g gebratenes oder gekochtes Fleisch (Reste)
1 kleine Gewürzgurke
1 Tomate
Salz, frisch gemahlener Pfeffer
Majoran
2 Eier
je 1 EL gehackte Petersilie
gehackter Schnittlauch

Zubereitung

Die gekochten Kartoffeln pellen und in Scheiben schneiden. Die Zwiebel schälen und fein hacken.
Das Öl mit der Margarine in einer Pfanne heiß werden lassen und die Kartoffeln und die Zwiebeln darin anrösten.
Das Fleisch in Streifen oder Würfel schneiden und dazugeben.
Die Gewürzgurke würfeln, die gewaschene Tomate in Achtel schneiden und ebenfalls zu den Kartoffeln geben. Alles mit Salz, Pfeffer und Majoran kräftig würzen.
Die Eier verquirlen, über die übrigen Zutaten gießen und bei schwacher Hitze stocken lassen.
Vor dem Servieren die Petersilie und den Schnittlauch darüberstreuen.

Zubereitungszeit: etwa 20 Minuten

Rührei mit Pfifferlingen (2 Personen)

Zutaten

250 g Pfifferlinge
1 kleine Zwiebel
30 g Butter oder Margarine
Salz, frisch gemahlener Pfeffer
½ Bund Petersilie
2–3 Eier
2 EL Milch

Zubereitung

Die Pfifferlinge putzen, waschen und eventuell kleinschneiden.
Die Zwiebel schälen und fein hacken.
Das Fett in einer Pfanne heiß werden lassen und die Pfifferlinge mit den Zwiebeln darin anbraten.
Die Pfifferlinge mit Salz und Pfeffer würzen und bei geschlossener Pfanne etwa 10 Minuten dünsten lassen.
Inzwischen die Petersilie waschen und fein hacken.
Die Eier mit der Milch verquirlen.
Den Deckel von der Pfanne nehmen und falls zuviel Flüssigkeit da ist, diese bei großer Hitze einkochen lassen.
Danach die Hitze reduzieren, die gehackte Petersilie über die Pilze streuen, das verquirlte Ei darübergießen und stocken lassen.

Beilage: Salzkartoffeln oder Baguette

Zubereitungszeit: etwa 30 Minuten

Variation:
Sie können statt der Pfifferlinge auch alle anderen frischen Waldpilze nehmen.

Süßspeisen und Desserts

Kaiserschmarren (2 Personen)

Zutaten

2 EL Rosinen
2 Eier
1 EL Zucker, 1 Prise Salz
1 Tasse Milch
3–4 EL Mehl
1 EL gestiftelte Mandeln
10 g Butter
2 TL Puderzucker
Kompott

Zubereitung

Die Rosinen in lauwarmem Wasser einweichen.

Das Eigelb vom Eiweiß trennen und mit dem Zucker und Salz schaumig rühren. Die Milch und das Mehl unter ständigem Rühren dazugeben.

Das Eiweiß zu sehr steifem Schnee schlagen und unter die Eimasse heben.

Die Rosinen abtropfen lassen und mit den Mandeln unter den Teig rühren.

Die Butter in einer Pfanne heiß werden lassen, den Teig hineingießen und stocken lassen.

Danach den Pfannkuchen wenden und mit 2 Gabeln zerpflükken. Die Stücke noch etwas backen lassen bis sie hellbraun sind.

Den Kaiserschmarren auf 2 Teller geben, mit Puderzucker bestreuen und mit Kompott servieren.

Zubereitungszeit: etwa 30 Minuten

Gefüllte Quarkklöße (2 Personen)

Zutaten

40 g Butter
25 g Zucker
250 g Magerquark
2 Eier, 1 Prise Salz
1 TL geriebene Zitronenschale
1 Päckchen Vanillinzucker
125 g Semmelbrösel
etwas Mehl zum Binden
1 kleine Dose Mandarinenfilets (Einwaage 175 g)
Schokoladensoße (Fertigprodukt)

Zubereitung

Die Butter mit dem Zucker in einer Schüssel schaumig schlagen.
Den Magerquark mit den Eiern verrühren und die Butter unterziehen, mit Salz, Zitronenschale und Vanillinzucker würzen.
Den Quark an einem warmen Ort mindestens ½ Stunde ziehen lassen.
Danach die Semmelbrösel vorsichtig unterziehen und den Teig eventuell mit etwas Mehl binden.
Die Mandarinenfilets abtropfen lassen.
Aus dem Teig kleine Klößchen formen und mit Mandarinenfilets füllen.
Die Klößchen in Zuckerwasser in 10 bis 15 Minuten ziehen lassen.
Danach mit einem Schaumlöffel vorsichtig herausheben und mit Schokoladensoße und den restlichen Mandarinenfilets servieren.

Zubereitungszeit (ohne Ruhezeit): etwa 30 Minuten

Topfenpalatschinken (2 Personen)

Zutaten

2 Eier
125 g Mehl
1 Prise Salz
200 ml Milch
100 ml Mineralwasser
3 EL Öl
Für die Füllung:
200 g Quark (Magerstufe)
3–4 EL Milch
2 EL Zucker
1 Zitrone
200 g frische Erdbeeren
(oder Himbeeren, Kirschen, Heidelbeeren)
Puderzucker

Zubereitung

Die Eier mit dem Mehl, dem Salz und der Milch und dem Wasser gut verquirlen und etwas quellen lassen.
Inzwischen die Füllung zubereiten: Den Quark mit der Milch glattrühren und den Zucker und Zitronensaft dazugeben.
Die Erdbeeren waschen, die Stiele abzupfen und die Erdbeeren halbieren oder vierteln. Die Früchte unter den Quark mischen.
Das Öl in einer Pfanne heiß werden lassen.
Etwa 3 bis 4 Eßlöffel Teig in die Pfanne gleiten lassen. Die Pfannkuchen erst wenden, wenn der Teig auch oben fest wird.
Jeweils etwa 2 Eßlöffel Quark in einen Pfannkuchen füllen und diesen zu einer Tasche zusammenklappen.

Zubereitungszeit: etwa 30 Minuten

Mokkamousse (1–2 Personen)

Zutaten

50 g zartbittere Schokolade
3 EL heißes Wasser
1 Ei
½ TL Instantkaffee
1 EL Rum
etwas Sahne aus dem Sahnespender

Zubereitung

Die Schokolade zerbröckeln, in einen kleinen Topf geben und diesen ins heiße Wasserbad stellen.
Die 3 Eßlöffel heißes Wasser zu der Schokolade geben und die Schokolade schmelzen lassen.
Das Eigelb vom Eiweiß trennen und mit dem Kaffee und Rum zur Schokolade geben.
Das Eiweiß steif schlagen und vorsichtig unter die Schokoladen-Ei-Creme heben.
Die Creme in eine Schüssel geben und vor dem Servieren mit Sahnetupfern garnieren.

Zubereitungszeit: etwa 10 Minuten

Karamel-Birnen (2 Personen)

Zutaten

2 Williams Christbirnen
1 Zitrone
2 Zweige Minze
125 g Zucker
70 ccm Himbeersaft
50 ccm Himbeergeist
20 g Mandelstifte
10 g Butter

Zubereitung

Die Birnen schälen und mit Zitronensaft, Minze und 50 g Zucker in gut ½ Liter Wasser etwa 8 Minuten kochen. Danach die Birnen in der Flüssigkeit abkühlen lassen.
Den restlichen Zucker in einer Pfanne schmelzen, bis er hellbraun ist, und von der Kochstelle nehmen.
Den Himbeersaft mit dem Himbeergeist und 2 Eßlöffeln Birnensaft verrühren und zum karamelisierten Zucker geben.
Die Pfanne wieder auf die Platte stellen und die Flüssigkeit einkochen lassen, bis sie sirupartig ist.
Den Sirup abkühlen lassen.
Die Mandelstifte in der Butter leicht anrösten.
Die Birnen auf 2 Glasteller legen, den Sirup darübergießen und die gebräunten Mandeln darüberstreuen.

Zubereitungszeit: etwa 45 Minuten

Früchtequark (2 Personen)

Zutaten

250 g Himbeeren oder andere Früchte
200 g Quark
1 Ei
2 EL Zucker
½ Zitrone
etwa ⅛ l Milch
1 EL Schokoladenstreusel

Zubereitung

Die Früchte waschen und verlesen, die schönsten für die Garnierung beiseite legen.
Den Quark mit dem Ei, dem Zucker, dem Zitronensaft und der Milch verrühren. Nur so viel Milch dazugeben, daß eine geschmeidige Masse entsteht.
Die Früchte vorsichtig unter den Quark heben und die Speise auf 2 kleine Glasschalen verteilen.
Mit den restlichen Früchten die Masse garnieren und mit Schokoladenstreuseln bestreuen.

Zubereitungszeit: etwa 10 Minuten

Variation:

Sie können auch 100 g Quark und 100 g Joghurt mischen, Sie brauchen dann allerdings weniger Milch.

Johannisbeerschaum (1 Person)

Zutaten

100 g rote Johannisbeeren
1 EL Zucker
100 g süße Sahne
1 TL Vanillinzucker
1 Eiweiß
½ Becher Joghurt

Zubereitung

Die Johannisbeeren waschen und mit einer Gabel von den Stielen streichen. Die Beeren in eine Schüssel geben und den Zucker darüberstreuen.
Die Sahne mit dem Vanillinzucker steif schlagen, ebenso das Eiweiß.
Zunächst den Joghurt und dann das Eiweiß unter die Sahne ziehen, zum Schluß die Johannisbeeren unterheben und die Masse kalt stellen.
Dieser Nachtisch sollte nicht länger als eine Stunde vor dem Servieren zubereitet werden.

Zubereitungszeit: etwa 20 Minuten

Variation:

Sie können statt der Johannisbeeren auch Himbeeren, Brombeeren oder Heidelbeeren nehmen.

Rezeptverzeichnis